企业数字化流程管理

魏丫丫　仲籽彦　柳朝炜　戴　宾——著

U0809441

中国石化出版社
HTTP://WWW.SINOPEC-PRESS.COM
中国经济出版社
CHINA ECONOMIC PUBLISHING HOUSE
·北京·

图书在版编目（CIP）数据

企业数字化流程管理 / 魏丫丫等著 . — 北京：中国石化出版社，2024.3

ISBN 978-7-5114-7428-5

Ⅰ. ①企…　Ⅱ. ①魏…　Ⅲ. ①企业管理 - 数字化 - 研究　Ⅳ. ① F272.7

中国国家版本馆 CIP 数据核字（2024）第 041637 号

中国石化出版社出版发行

地址：北京市东城区安定门外大街 58 号

邮编：100011　电话：（010）57512500

发行部电话：（010）57512575

http：//www.sinopec-press.com

E-mail：press@sinopec.com

河北宝昌佳彩印刷有限公司

全国各地新华书店经销

*

710×1000 毫米 16 开本 12 印张 170 千字

2024 年 3 月第 1 版　2024 年 3 月第 1 次印刷

定价：58.00 元

序
FOREWORD

中国融入全球数字经济大潮发轫于1994年4月19日中国正式全功能接入国际互联网。电信业作为数字经济的核心产业，是最早一批数字化转型的“拓荒者”。从刚开始以“连接”为主题的发展，到现在“大数据”“云计算”的深度应用，在30年时间里，随着数字技术的不断创新和演进，企业数字化转型的目标也在不同时期和阶段有着巨大的差异。

魏丫丫博士是我在清华大学计算机科学与技术系网络技术研究所同一导师的优秀师妹，她深耕电信业多年，经历了数字化转型的重要发展阶段，在“实战”中成长为一名杰出的大数据和大模型领域的技术派、实干家和管理者。最近，丫丫博士与我分享了她近些年在流程管理中引入国外新兴技术“Process Mining（流程挖掘）”的一些探索和思考，引发了我对现代企业流程管理领域数字化转型的强烈共鸣。

当今时代可谓是VUCA时代，即由Volatility（易变性）、Uncertainty（不确定性）、Complexity（复杂性）、Ambiguity（模糊性）这些特征共同组成的一个变幻莫测的时代。面对激烈的竞争和充满变化的市场，开创竞争优势成了企业经营管理战略的根本目标。这并不仅仅是要求企业做得更好，更深一层说，我们必须赋予企业一定的在保持秩序的同时拥抱变化的能力，这对管理者是非常严峻的考验。

伴随我国经济高速发展，一批又一批大型、超大型企业应运而生，信息化、数字化的到来让企业生产工作更加高效的同时，也将更复杂的流程置于“黑盒”之中。企业管理者无法洞察所有环节中经过信息系统操作的流程全貌与细节，工作中一旦出现问题，根本无从下手，这是信息化带来的对管理者而言非常被动的一个局面。传统"采访记录"式的调研方法或许最终能够找到问题所在，但这个过程低效且不一定准确，耗时费力。流程管理和控制是一种不断提高生产与服务水平的常用方法，能帮助企业满足甚至超越顾客的需求。随着企业经营的结构化、规范化，流程治理逐渐成为企业经营中非常重要且核心的环节，企业规模越大可能越能感受到流程规范合理的重要价值。

事实上，基于系统数据的流程还原和流程挖掘不仅能够还原流程的执行过程，还能精准定位问题、仿真预测、监控预警，从根本上打破了管理者在数字化进程中对于流程治理和执行的被动局面，从而帮助实现更精准高效的流程管理与执行、实时响应变化，在无数场景和领域中都有极高的应用价值。除此之外，很多没有对结果造成影响的"隐性流程"，也可能成为新的系统"优化点"和价值"增长点"，这些都有待企业利用流程挖掘技术逐步在工作中去探究和发现。

丫丫博士也许正是意识到了数智化时代大环境带来的挑战，加上她本身是一个做事有方法、谋创新和善转化的技术专家和业务管理者，所以才决定引入新技术"正面出击"来应对当前和未来复杂的市场竞争格局。毋庸讳言，流程挖掘技术在电信业应用的这套行之有效的经验和方法对管理者而言可谓不可多得的"宝藏"，丫丫博士厚积薄发，将它们整理成专著，与业内外希望改善流程管理的读者分享这部实战指南。本书一方面讲述了流程挖掘等新兴技术在行业中的探索和应用，总结出了一套卓有成效的方法；另一方面，丫丫博士在实践中也彰显了"摸着石头过河"的先行者勇气，克服了不少新技术在国内水土不服的困难和挑战，为后继的研究和实践者蹚出了一条坦途。

正本清源，开卷有益。我强烈推荐大家学习和参考这本《企业数字化流程管理》专著中所提及的方法和实践，也由衷希望各位读者能够从中得到一些能为自己所用的流程管理捷径，或催生一些前沿技术在企业经营管理方面应用的新思路，为推进企业数字化转型和高质量发展做出应有的贡献。

是以为序。

单志广

2024 年 2 月 19 日于北京

前言
PREFACE

在《中华人民共和国国民经济和社会发展第十四个五年规划和2035年远景目标纲要》(以下简称《规划》)中，将“加快数字化发展，建设数字中国”单列成篇，提出“以数字化转型整体驱动生产方式、生活方式和治理方式变革”，为新时期数字化转型指明了方向。面向“十四五”，各行各业贯彻落实《规划》对于数字化转型的工作部署，全面推进信息技术在国民经济和社会发展各领域的广泛应用。

在企业数字化转型中，人们关注的重点是数字化对商业模式、战略、产品和服务、营销和渠道、组织和人才、经营和管理的影响，但是这些影响最终都会落到企业内部流程管理的数字化创新上。现代企业是一个专业分工和协作运营相结合的组织，其绩效关键点在于部门与部门之间的衔接部分，即跨部门的接口环节，这些部门接口往往成为组织管理的空白地带，是组织的绩效断点。所以说，基于流程的部门之间的协同是企业高效运转的基础。因此，在高速变化的时代，如何为优化企业流程找到手段和工具，探索出一套基于数字化流程管理的方法论，并在此基础上建立一套保证流程高效运作的机制，成为企业数字化转型过程中的关键行为。

随着企业数字化转型工作的推进，流程被逐步数字化了，业务流程逐步被固化在企业的信息系统中，悄无声息地决定着企业的各种活动，决定着企业的绩效。数字化后的流程是由多个系统或平台和人协同完成的，由于系统或平台的不断迭代，流程逐步被隐藏在多个系统和平台之中，流程的拥有者和参与者并不是流程支撑系统的开发和维护者，因此，对整个流程的运营状况并不了解，对流程执行过程中存在的问题，往往是只见树木、不见森林。若依靠传统方法，通过咨询公司来了解流程的运营情况，费时、费力，且消耗企业大量的成本，因此实现数字化流程的可视化变得非常重要。

流程挖掘技术给流程的可视化提供了技术基础，该技术能够实现跨系统和平台，并采用非侵入方式，将流程实时准确地还原出来，使得流程的写实变得快速而且准确。近几年，流程挖掘技术在国外，特别是欧美，得到了足够的认同和重视，但在国内尚处于起步阶段。笔者有幸将该技术应用在工作实践中，并深深体会到流程挖掘技术对流程的绩效改善带来的巨大影响。

在实践过程中，我们不断优化算法，搭建了延迟低、吞吐量大、秒级的实时计算和分析平台——指针平台，实现了从海量数据中快速复原流程图；针对如何高效利用数据的问题，我们归纳出了“4D2R1V 七步法”，通过该方法，来帮助企业数据快速进入应用环节；针对还原出来的流程图，我们不断实践，提出了数字化流程管理方法论，再将该方法投入使用，取得了很好的效果。

所有探索出来的方法最终都是为企业数字化转型服务的。通过这些方法的实践，在提高流程执行效率的同时，也给企业的数字化转型提供了新的思路和方法。首先，面向企业内部各级管理层，通过指针，实现了从关注结果到关注过程的转变，实现了更快地发现问题、更敏捷地决策。原来的经营分析大部分是基于经营结果的分析，比如日新增、日同/环比变化、月同/环比变化，现在的经营分析增加了对结果形成过程的复盘，通过复盘数据可以轻松发现过程中的问题，原来需要到一线才能进行的调查研究升级成了数字化调研。其次，面向流程的所有者/业务人员，他们可以实时了解和监控整个流程端到端的运行状况，及时干预流程运行过程中存在的问题，实现了企业自我诊断流程痛点、断点，并在此基础上不断优化流程。流程的所有者/业务人员并不是流程支撑系统的开发和维护者，所以，他们基本上是依赖流程支撑系统的开发和维护者来发现和回溯问题，由于指针提供的数据颗粒度可以精细至流程实现的程序代码级，所以，从某种程度上来说，流程的所有者/业务人员甚至可以读懂程序代码的基本逻辑，这个可以很好地弥补流程所有者/业务人员看不懂系统的短板，为他们的数字化转型提供了工具。最后，面向流程执行的参与组织和个人，指针对他们在流程执行中的贡献提供了数字化的评价依据，使流程的参与者有了主动提升的依据和方向。

最终，企业管理层、流程所有者、流程执行者三者联动，通过指针实现了数据驱动执行，从而提升整个企业的执行力，达到提高企业整体效率、降低成本和提高客户满意度的目标。

本书适合企业管理人员、业务管理人员、管理咨询行业从业人员、大学管理类专业相关人员阅读，是极具实操性的实践指南。

在本书中，我们将所有的实践、方法毫无保留地呈现给大家，希望继续加强跨界合作，将技术专家、行业专业人士和学术界的力量汇聚在一起，共同推动流程挖掘技术的创新与应用。只有通过持续的合作与共享，我们才能更好地应对复杂多变的商业挑战，实现更高效、智能的企业管理。

基于流程挖掘技术提升流程管理水平、运营水平，提升企业执行效率的方法论还处于起步阶段，该方法论的理念、规则和方法可能有不妥之处，期望读者及时批评和指正，并提出建设性意见，以便我们不断改进和完善，促使本书更新迭代出版，不断推动该方法论趋于成熟。

本书在写作和出版过程中得到了许多人的帮助和支持。感谢武汉大学经济管理学院管理科学与工程系戴宾教授的学生团队：简皓、徐思婕、杜婧、江瑞雪、杨文越、奚玉珍、贺瑞琦等，他们为数字化流程分析方法论以及案例分析提供了丰富的素材。另外，特别感谢简皓同学对本书的撰写支持，保障了本书的出版进程。

目录

CONTENTS

第1章

数字化正在重塑企业

第2章

流程是数字化成功转型的关键

第3章

数字化流程的管理和挑战

第4章

流程挖掘技术给流程管理提升带来新的机遇

第5章

流程挖掘技术在国内的应用实践

第6章

数字化的流程分析

第7章

——数字化的流程仿真——

第8章

数字化流程的管理应用——
——流程监控与预警、智能导航与驾驶——

第9章

案例部分

第1章 数字化正在重塑企业

数字化是这个时代所有企业都必须面对的大趋势，很多企业根据自己的理解在数字化转型的大道上前进，当我们问“什么是数字化转型”的时候，每个企业的回答不一样，企业管理层不同的人有不同的理解，同一个企业不同的部门也有不同的回答，很多时候，同一个部门不同岗位的人也会给出不同的答案。所以，企业数字化转型并没有一个规定的范式，是每个企业根据自己的诉求，利用数字化技术，结合商业模式、企业战略、产品和服务、营销和渠道、领导力、组织和人才、管理和企业文化等方方面面，进行统一的或者分散的、循序渐进的一项工作。

如果数字化转型没有一个标准的范式，那么我们就需要认真把握数字化转型的本质，才能在数字化转型过程中少走弯路。

1.1 数字化的本质

要理解数字化的本质，我们可以把目光放长远些，在历次工业革命的成功和反思中获得思考。

1.1.1 工业革命与信息交流

18 世纪 60 年代后，西方的两次工业革命推动了社会生产方式逐渐走向机械化和规模化，先后经历的蒸汽时代和电气时代促进了能源利用的革新。一些公司注意到了新生产方式的商业活力，在当时取得了卓越的商业成就，如福特公司 T 型车的推出在当时就取得了很好的市场反应，地球上几乎有一半汽车是 T 型车。同样取得成功的还有美国的杜邦公司、通用汽车公司，以及德国的西门子公司、奔驰公司，它们都诞生于那个时代并发展至今。社会分工也随着这些大型公司在相应行业的深耕而得到了进一步的深化。

这样的生产关系一方面极大地提高了社会局部的生产效率，促进了社会进步。同时在另一方面，企业需要分心于信息工作，如在市场调研时，捕捉市场需求，做好生产计划；在生产流程中，各部门协调也需要信息来维系；甚至在产品产成后的销售环节，也需要获取市场信息来动态定价。在第三次工业革命前，商业活动需要的信息和现有工具无法提供及时、足量信息的矛盾已经暴露无遗。同样是T型车的例子，在其推出的十年后，市场需求的风向有了很大的转变，买主们要求有漂亮的颜色、四轮驱动、减振器、变速器、低压大轮胎和流线型车体；此时的市场需求已然收缩，峰值年产50万辆以上的供给则显得过于饱和，严重滞销的问题迫使福特于1927年宣布停产T型车。

在第二次工业革命后社会大分工生产的格局下，对能源的利用效率和社会生产的效率不再是社会商业活动的明显短板，而快速增长的社会生产率反而突出了大批量生产供给和市场需求可能不匹配的矛盾，由此引发的滞销、降价问题极大地影响了企业的生产和销售活动。各地区、各行业间日益频繁的商业活动愈加凸显出当时信息闭塞的问题，企业开始意识到以“需求信息”为代表的各类商业活动所需信息的决策价值。与此同时，一场信息革命也正在酝酿。

1.1.2　信息革命与数字化本质

第三次工业革命是信息技术引领的革命，其间对人类社会影响最大的科技成果莫过于计算机技术的发明和应用。它凭借庞大的硬件算力和多样化的软件编程能力，成为生产自动化、管理现代化的奠基石。当然，它的出现不仅进一步提高了局部的生产效率，更重要的是为企业发现更高效的信息交换渠道埋下了伏笔。一些生产移动计算终端的企业，如苹果（Apple）和微软（Microsoft）都是这个时段开始现身并发展至今的。它们的出现加速了信息技术和社会生产场景的融合，经济全球化和全球化的产业分工格局在这个时代进一步成型。

第四次工业革命，是我们正在经历的重要生产变革，也被称为数字化革命。1990年，蒂姆·伯纳斯－李（Tim Berners-Lee）在日内瓦的欧洲粒子物理实验室里开发出了世界上第一个网页浏览器，免费万维网的构想也就此开始逐步普及于世界。商用的网络连接使得信息捕捉和沟通成本的进一步降低成为可能，让社会从信息化开始大步迈向数字化。表现为：海量的数据开始产生并得到记录；企业内外的信息沟通也依凭网络媒介变得愈加高效；一些新的生产工具，如基于人工智能开发的各类应用开始走入人们的生活并对社会产生实质性影响。

后两次工业革命的重心是信息革命，是我们对如何生产有用信息，维护信息，让信息产生商业价值的探索。与前两次工业革命相同的是，企业组织未曾放弃过对提高企业价值这一基本目标的追求，但因为商业模式短板的变化，企业探索的重心开始向信息倾斜。

我们不难看出，企业追求的数字化本质莫过于对更高效的企业内外信息利用方式的探索，解决的是当社会产能能够满足社会需求时，需要生产什么，如何利用信息支持高效生产的问题，它们最终目的仍是实现更大的企业价值。这些信息不对称的问题由分工和交换而生，随着分工愈加精细化和市场不断扩大而愈加明显，追求高效利用信息的技术方法——企业数字化由此而生。我们希望在项目实施前就对其效果和成本有清晰的把握，因此企业更应该认清其本质，厘清企业数字化的定位并建立起恰当的应用前景认知，才能更好地把握数字化推进方向，在项目的推进过程中做到“见微知著，睹始知终”。

1.2 企业数字化的目标

上一节讲到了数字化为现代社会带来的最本质功能和价值——提高信息沟通的效率，以提高组织绩效，因此不同企业结合自身发展战略和现状，在推进企业数字化转型的过程中往往有不同的侧重点，更具体来说，企业数字化转型的主要目标分别是：提高运营效率，以实现数据驱动的智能决策；降低运营成本，取得更高股本回报率；获取新用户，提升创新能力，提高企业收入；提升客户满意度和忠诚度。

1.3 企业数字化与基本的商业逻辑

彼得·德鲁克（Peter F. Drucker）认为，企业存在的价值在于创造客户，企业存在的目的是为客户创造价值，企业是一个创造、传递、支持、获取价值的系统。在数字化时代，产品和服务会变化，但满足客户需求的方向不会变，一些基本的商业逻辑也不会变。

例如，尽管数字化改变了企业的经营和管理，但也只是让企业可以更好地服务于消费者需求。回顾福特T型车的失败，无非是产品不再能跟得上消费者需求的变化；现如今，企业通过各种数字化手段去更准确地捕捉消费者需求动态，甚至出现了消费者主导的供给方式，但这都没改变企业满足客户需求的商业逻辑。

在营销领域，尽管社会级的数字化浪潮使得营销的渠道纷纷转向线上，但营销的服务目标没有变化，仍是需要向顾客展现产品价值和竞争力，拓宽产品受众范围。越来越复杂的经营环境只是对企业敏捷反应和快速触及顾客提出了新需求，而这样的需求恰好可以被高度数字化的营销模式满足。在企业的其他维度：组织、产品乃至战略的层面，细究其目标，其实都没有发生根本的变化。但这并不是说这些企业要素也需要保持一成不变，因为变化总是相对的，尽管很多东西的本质都没有发生改变，但外界环境的颠覆性变化已让一些观念显得脱节，相对的，企业内部的一些方法也需要随之改变才能更好地服务于“满足顾客需求”这一终极目标。数字化是一个恰到好处的工具，好比战士在沙场上最称手的那把兵刃。虽然“创造客户、满足客户需求”的基本商业逻辑未曾改变，但是在不断变化的市场环境中，企业也需要用好数字化的工具，做好应用和与快速变化的市场的接轨工作，让企业在不断变化的外部环境中永葆青春。

1.4 数字化如何改变企业

数字化的本质是人们对高效信息交流的探索，我们很自然地会提问：“数字化的出现究竟改变了企业战略和运营中的哪些因素，将带来何种影响？”我们将从商业模式、战略等角度与读者共同探讨这个问题。

1.4.1 数字化改变商业模式

正如德鲁克所说，企业是价值创造、价值传递、价值支持和价值获取的系统，而技术作为价值创造的核心驱动力，也必然会影响企业的商业模式，即影响到企业所能为客户提供的价值及提供和传递的方式。

这样的例子有很多，现如今作为电商平台的亚马逊，曾经只是一心经营书籍的在线零售商。随着社会整体数字化水平的提高，亚马逊开始作为网上零售平台，也接纳了许多第三方零售商并开始销售图书以外的各类产品，拓宽了销售品类。其间，亚马逊价值创造和传递的方式已然发生了改变，从仅为消费者提供产品和服务到开始为其他零售商提供需求撮合的服务。而随着企业数字化进程的进一步推进，人工智能的应用促成了新的商业模式，亚马逊开始通过大数据分析技术优化其产品推荐系统，提高客户的购物体验，并基于对用户产品偏好的预测提供了定制化的先试后买服务，通过订阅此服务，用户可以收到亚马逊基于预测的用户偏好而推荐的产品，并在试用后决定是否购买，新的商业模式从推出一直沿用至今。同样是电商出身的国内平台——阿里巴巴，也将业务拓展到了金融、云计算等领域，为企业提供数字基础设施的解决方案。除此之外，腾讯、京东、谷歌、微软这些率先走向数字化的企业都在自身成功转型后，开始利用已有的数字化基础为其他企业提供价值。其本质都是领先企业为后来者提供信息平台，以提高后来者的数字化水平，最终形成了为企业用户提供数字化解决方案的新兴商业模式。

1.4.2　数字化改变战略节奏

数字化影响战略节奏。传统的战略咨询通常将工作集中于战略的制定上，希望通过基于细致的用户、市场、行业内人士调研制定出一份规划报告，指导企业未来几年内的战略发展。然而无论这样制定的计划在当时如何的尽善尽美，一旦时间轴拉长了，都将受到当时视野的限制而不再有那么高的战略价值。这种一次性制定长期战略规划而忽略持续性战略修正的战略咨询工作在快速变化的市场环境中不再具备优势。

相信很多企业已经通过各类信息平台对外部市场的迅速变化感到震惊，企业的战略周期也在这样的态势下不断被压缩。在需求导向的市场中，一次性制定多年期战略规划的商业价值不再突出，现如今企业战略应该是保持“常用常新”的状态，而不是将制定好的战略一成不变地执行。这并不是说企业战略不再有用，而是说在当下企业需要将更多的精力放到如何对外界环境做出敏捷反应的战术及制定上，把握良好的战略节奏，根据市场快速做出调整是当下企业远期战略顺利实现的重要因素。

1.4.3　数字化对企业其他方面的影响

产品和服务的数字化：由于数字终端设备的普及，很多知识服务类的产品和服务都线上化，主要涉及传统的新闻传播、教育等行业。比如，随着人们选择更多地在手机上浏览新闻，导致对传统的报纸和广播电视产品的需求发生断崖式的下跌。

营销和渠道的数字化：同样是因为人们越来越依赖于从手机等终端设备获取信息，零售商需要对其营销方式进行相应的数字化转型。在零售场景中，电子商务的占比越来越高，销售、送货、退货、售后渠道的线上、线下融合趋势愈加明显。盒马鲜生是很典型的例子，无论是产品品质，还是产品的标价，它都承诺线上、线下一致，既拓宽了销售渠道，也在一定程度上解决了线上销售消费者不能把握产品质量的问题。而在送货、退货的场景中，一些全渠道零售商，如苏宁，都支持线上下单线下自提或是在线下处理线上销售产品的退货问题；一些品牌方，如优衣库，也早早开始了线上下单线下自提的复合销售模式。数字化的浪潮推动了电子商务的发展，渠道也越来越线上化、一体化。

组织和人才的数字化：我们已经在前文提到了，这场信息革命力求打破信息壁垒，促进社会宏、微观层面的信息流通。微观来看，企业的组织规模也随之发生某种变化，一些由数字媒介连结起来的虚拟产业集群凭借其开放与灵活的优势资源，打破了物理集群的约束，进一步将市场职能细分化。以近年来大火的直播电商为例，在传统的企业思维里，要做产品直播最简单的就是从现有的营销体系中分割出一部分人员，构成“直播销售部门”，开展这项业务。然而，先不谈组织变动带来的繁琐事宜，去学习新营销场景也是一大笔成本，现如今一些专注于直播带货的公司可以通过各种电子渠道与零售公司达成协议，承包直播销售业务。企业在其用人和架构思路上，不再拘泥于一味的“我全都要”，有些时候凭借共享平台去实现一些职能不失为一种明智选择。

经营和管理数字化：“无人化”“自动化”是数字化给企业的规律经营带来的直接冲击。相信读者或多或少都已接触过无人超市、无人工厂，一线的机械化执行和操作都基本由机器和程序实现，人所扮演的角色只是简单地操作和监控。除此之外，供应链的数字化也让供应链变得更加敏捷，让消费者定制化生产成为一种可行的盈利模式。即 C2B 和 C2M 的应运而生，惠普支持消费者通过官网自定义其个人电脑配置，由工厂组装后配送销售；耐克在官网开放了专属定制模块，支持消费者自定义产品的材质、配色；保时捷汽车也在官方开放了对跑车的定制，消费者可以选择车辆的配色方案、车轮的材质、涂漆、配件、内饰的颜色和座椅的配置。制造商主导的销售在一些传统行业中正逐渐发生向消费者主导转型，而使之实现的就是经营和管理的数字化趋势。

第2章

流程是数字化成功转型的关键

《旧唐书·魏徵传》中即有云："以史为鉴，可以知兴替。"回望工业革命的历史，新技术的应用总是一次次地改变了社会原有的生产销售流程，将更高效的生产格局带给企业。不可否认的是蒸汽机和内燃机引领的"能源革命"改进了社会生产的流程，分散化、专业化的生产被证明是更高效的生产形式；但我们也不能忽略物理上的分散所带来的信息上的隔断，产品提前生产完成会成为库存、款式性能落后会损害利润，甚至造成企业内各部门间的交流和考核都不协调。显然历史不会开倒车，基本自产自足的氏族社会已然不能回去，这些发展中出现的分工和流程问题也必须在发展中得到解决。

于是"信息革命"应运而生。基于光与电的新技术则在进一步深化物理上分散的同时，在信息与交流上拉近了社会组织间的距离，试图以信息流为媒介将社会生产凝聚为一个整体。企业需要在"信息革命"的大浪潮下，完成数字化，才能跟上社会生产的脚步，不断为社会创造商业价值。

革命总有革命的对象和目标，它们回答了我们应该革谁的命，做到什么程度，为什么服务的问题。在第一章中我们已经明确了历次革命都未曾改变的商业目标——为客户不断地创造价值，不断地被客户所需要。尽管我们尚未对革命的对象给出一个定义，但是相信读者已经想到了那个从分工开始就出现的、用于描述"工作流转过程"的简洁词语——流程。

蒸汽机的发明改变了某些领域的生产流程，内燃机、炸药、无线电则进一步深化了人类社会中生产、信息及物质交换方式的变革，重塑了包括生产在内的研发、销售等商业流程。现如今，电商平台、大数据、人工智能等概念引领的数字化革命对商业活动的赋能价值已初现端倪，虽然它们改变的标的仍然是企业流程，但这些改变好像来得缓慢和间接了许多，不如能源革命时直接作用于生产流程来得那般简单与直接。这不过是人们尚未建立起对流程的全面认知，当我们发现"不识庐山真面目"时，不妨跳出"此山中"，以旁观者的角度去思考数字化背景下的战略、运营、最终实现客户需求的这些企业诉求与流程的关系。这也是本章与读者探讨的主要内容。

2.1 战略是否能成功关键在于流程

企业高层除了制定清晰的战略目标和方向，还承担一个使命，即建立战略配称关系，迈克尔·波特在《什么是战略》中提出：战略配称是创造竞争优势的核心，它可以建立一个环环相扣、紧密连接的链，将模仿者拒之门外，战略配称分为三类：第一层面的配称是保持各运营活动或职能部门与总体战略之间的简单一致性；第二层面的配称是各项活动之间的相互加强；第三层面的配称已经超越了各项活动之间的相互加强。在三种类型的配称中，整体作战比任何一项单独活动都来得重要和有效，竞争优势来自各项活动形成的整体系统。这里所说的环环相扣、紧密连接的链就是企业的流程体系，即通过建立与企业战略目标一致的流程目标，实现流程和流程间的紧密衔接，从而形成企业战略实施的整体作战图。

企业管理是一项系统工程，必须建立从战略目标到战略执行的保障体系，战略目标是企业运作的方向和指导思想，企业把客户和公司的不同需要加以平衡，设计出一种能够使双方都感到满意的方案，从而形成清晰的战略导向。

在战略明晰的基础上，企业还需要构建战略执行保障体系，如图 2.1 所示，具体包含三层。

第一层，企业以会议管理、经营分析、预算考核为基础建立企业计划，构成以执行和控制为目标的战略控制层。

第二层，企业以业务流程、岗位描述、绩效测评为基础框架，对研发、采购、生产、销售、客服等各个职能领域构成稳定的流程执行层。

第三层，企业以 ERP（企业资源规划）、CRM（客户关系管理）、PDM（产品数据管理）等大量的信息技术为基础构成的信息系统支撑层。

其中，流程执行层是战略执行落地的核心枢纽，在整个战略保障体系中起到承上启下的作用，企业的战略目标只有落到流程上才能变得可执行。特别是现代企业大多采用职能式组织架构，职能部门领导会自然地将注意力集中于自身所属部门的相关职责，从部门角度出发来开展工作，容易形成“局部最优而非全局最优”的问题，因此有必要构建企业的整体关系流程图，使任何一项业务活动或者业务单元都面向流程目标，相互协同，不鼓励独自作战。

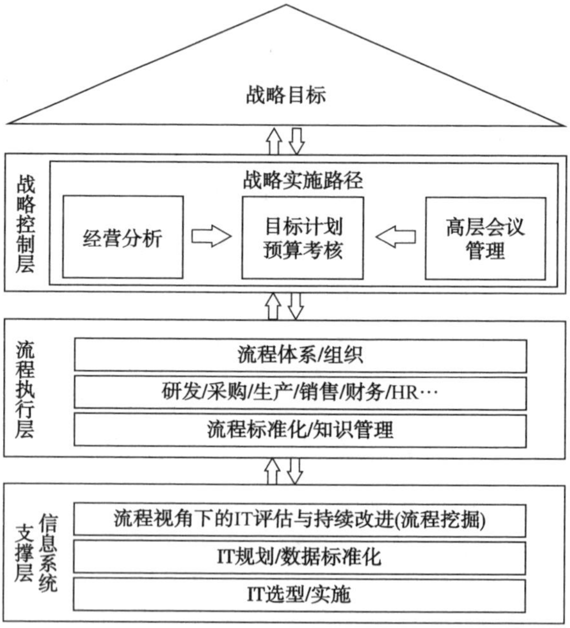

图 2.1　企业战略与战略执行保障体系

2.2 企业能否快速适应变化取决于流程

数字化时代，特别是中国正处于百年未有之大变局的时代，企业处于不断的变化之中，那么，这些变化给流程带来了什么影响呢？

图 2.2 所示为 21 世纪初公司面临的外部环境变化，外部环境的变化可以从大环境、竞争、技术、顾客需求等多个角度来看待。如果在 21 世纪初，这个问题答案的关键词或许有 WTO 的压力、笼统的竞争加剧、顾客的流失、技术的创新速率加快等。

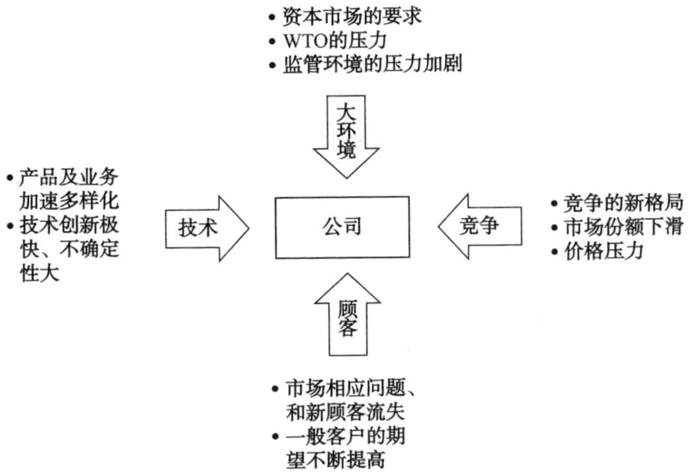

图 2.2　21 世纪初公司面临的外部环境变化

而现在企业面临的大环境则更多与全球经济复苏、环境保护、劳工标准和贸易政策及气候变化和可持续性相关。而在顾客层面则更需要关注顾客消费习惯的数字化，以及整个服务周期的顾客体验。除此之外，无论是技术上还是竞争格局上，企业都面临着大幅的外部环境变动，企业面临的大环境变化、企业间竞争、技术进步和顾客变化相互交织，对企业战略和运营产生深远影响，如图 2.3 所示。

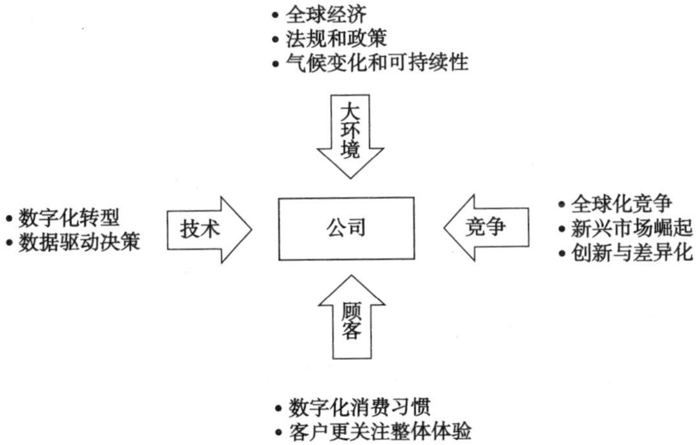

图 2.3　2021—2023 年公司面临的外部环境变化

在这样的环境中，企业该如何利用柔性的流程完成业务，适应变化？我们来看以下几个企业面临大环境和顾客需求变动的例子。

案例 1

企业快速调整业务受理流程，灵活应对大环境变化

想必读者对电话号卡的开卡与实名流程并不陌生，然而这项硬性规定并非一开始就存在，它始于2014年中央发布的《关于推进诚信建设制度化的意见》，其中第十六条明确指出：建立诚信发布制度。推动各地各部门依据法律法规，按照客观、真实、准确的原则，建立诚信红黑名单制度，把恪守诚信者列入“红名单”，把失信违法者列入“黑名单”。

2016年9月，最高法、最高检、公安部、工信部、央行等六部门联合发布《关于防范和打击电信网络诈骗犯罪的通告》，规定电信企业（含移动转售企业）要严格落实电话用户真实身份信息登记制度。当年，工信部共组织1.2亿电话用户进行实名补登记，实现了全部电话用户的实名登记，信息量之大，工程量之大可想而知。2018年5月，工信部发布《关于纵深推进防范打击通讯信息诈骗工作的通知》，明确了九项重点任务，排在第一的就是“切实加强实人认证工作，持续巩固电话用户实名登记成效”。

国家对实名制的监管政策，深刻影响了各个行业和企业的流程，首当其冲的就是手机实名制，从2014年到现在，运营商的实名制流程经历了三个阶段的变化。

第一阶段：用户在营业厅办理新装号码业务时，需要出示身份证。

第二阶段：电信企业要求各类实体营销渠道全面配备二代身份证识别设备，在为用户办理电话入网手续时，必须使用二代身份证识别设备核验用户本人的居民身份证件，并通过系统自动录入用户身份信息。

第三阶段：通过人脸识别技术进行实名确认。

随着技术的进步，实名制验证从必须到营业厅办理，到可以应用人脸识别技术来进行实名验证，这些都需要流程的改变来支撑，而且由于实名制的要求，基本上所有的行业都会梳理自己所有的业务，改变自己的业务办理流程，比如通信行业，不仅在新办号码时需要实名，

在过户、加装、补卡等业务上也需要经过人脸实名核验，或者必须去营业厅才能办理。

幸运的是，正是经过管理人员、营业人员、审核人员、稽核人员对流程和其支持系统的积极改造，企业才完成了业务受理流程变化的三步走。而要想走好这三步，优秀的业务管理人员必须不遗余力地对新流程中不断暴露的运作问题给出优化方案，保障顾客体验。实际上这些冲击远不止是针对电信企业的，保险行业也需要实名投保，在出现了电子认证的媒介后也调整了实名流程；银行业也是如此，无论是存取、理财、贷款都需要实名的账户作为操作主体；在21世纪才走入寻常百姓家的各类互联网账号也是如此，曾经只需要用邮箱账号即可实现注册，现如今也需要走实名的流程。

纵观这些变化，企业需要创造新流程，而在此基础上要创造高质量的顾客体验还需要不断地优化改进流程。可以说企业的运作就是在不断地重复“创建一个新流程，反复优化这个不成熟的流程以达到一定的用户体验，直至该流程不再适应社会需求”这样一个循环。流程就是企业的一块块能力切片，没有一个完善、柔性的流程作为支撑，企业将难以满足社会需求。

案例2

敏捷的产品开发流程，帮助企业灵活应对需求冲击

需求侧的冲击在市场中也很常见，有很多经典的商业案例都警示着我们：企业需要具备快速捕捉市场动向并敏捷做出业务流程调整的能力。特斯拉的成功就是一个鲜明的案例，传统汽车制造商在过去几十年中主要生产燃油车，并没有足够重视和投入电动汽车市场的研发和生产。而特斯拉则专注于电动汽车的研发和生产，并不断提高电动

汽车的性能和用户体验。在市场需求变化的趋势下，特斯拉抓住了机遇，并成功地在电动汽车市场上建立了品牌形象。除了产品本身，特斯拉还积极采用新技术和新材料，如电池技术和自动驾驶技术等，改变了整个汽车行业的生产流程和业务模式。与此相比，传统汽车制造商的电动汽车产品缺乏创新性，生产流程没有得到调整和改进。在竞争中，传统汽车制造商在电动汽车市场上的份额被特斯拉不断侵蚀。最终，一些传统汽车制造商逐渐开始在电动汽车市场上增加投入，并进行生产流程的调整和改进，以迎合市场需求变化。但在特斯拉的竞争下，传统汽车制造商仍需要不断地适应变化和创新，才能在市场上保持竞争优势。

除了汽车行业，消费电子行业中我们还能看到诺基亚因执着于在已有产品的质量和耐用性上打磨，而错失了开发智能化手机的先机被苹果、三星反超；Blockbuster 也曾经是美国最大的影碟租赁连锁店，但用户观看视频方式的转变还是让 Netflix 凭借其更大的电影和电视节目选择范围、在线的便捷体验和个性化的推荐服务成为新的行业领导者。

案例 1 代表了一个有明确需求的外部冲击对企业流程的改进提出的新要求，企业的业务流程被政策推动向前。案例 2 则更为复杂，市场需求时刻都是变动的，顾客不会对企业付出的所有工作都买单，不断打磨和推销现有的产品不一定总能满足市场的需求，所以才会出现特斯拉、苹果、Netflix 这样后来居上的公司。人人都希望自己是黑马，是下一个商业潮流的弄潮儿，然而他们却总会在侥幸弄潮后，忽视了本可以把握住永立潮头的机会——一个敏捷的商业流程。

无论是对明确新业务需求的实现还是对未知需求的探索与落地，都离不开企业对业务流程的调整。具体而言，每次调整无不涉及增加新项目部门、新人资考核方式、新业务系统等。在 21 世纪，这些调整变得更频繁，调整的周期要求也愈加紧张，企业时刻处于大大小小的变化当中，没有一个玩家可以通过墨守成规来永续商业传奇。对流程不断进行推敲和升级是企业能保持成功的新能力需求。

2.3 业务或产品能否满足客户需求决定于流程

企业的业务或产品能否满足客户需求，很大程度上取决于其业务流程和产品流程的质量及优化程度。如果企业能够不断地优化其流程，提高生产效率和质量，那么就能够更好地满足客户需求，从而在市场中获得成功和增长。

业务流程决定了企业的运营效率和响应速度，这往往也是极为影响用户体验的因素。如果企业的业务流程复杂、繁琐，或者流程中存在缺陷、阻塞等问题，那么企业在响应客户需求时就会变得迟缓、低效。例如，餐饮业中传统的电话订餐流程在订单、配送等环节上通常需要人工操作，这样不仅浪费时间，而且容易出现差错，导致订单延误、配送错误等问题，影响了客户体验。而像美团这样的在线外卖平台则通过信息技术优化业务流程，实现了订单自动化处理、配送智能化等，大幅提高了运营效率和响应速度。

优化业务流程也有助于提高用户感知到的服务质量，提高顾客对服务的满意度。客户始终是企业的生命线，而提高服务质量是企业获得客户信任和忠诚的关键。如果企业能够建立起完善的业务流程，保证每个环节都能够顺畅、高效地运转，那么企业就能够提供更优质、更一致的服务。例如，丰巢快递柜和邻里驿站的普及，就是通过优化快递配送流程，解决了传统快递配送"最后一公里"的难题，为用户提供了多维的取件时间选择，提高了快递配送的准确性和便捷性，自然为客户带来了更好的体验。

优化业务流程也能够提高企业的创新能力。市场需求的变化非常快，如果企业不能够及时调整自己的产品和服务，就会被市场淘汰。而一个优化良好的业务流程可以使企业更加灵活和敏捷地应对市场变化，推出更具竞争力的产品和服务。例如，像阿里巴巴这样的互联网企业，通过采用敏捷开发模式和模块化的架构，实现了快速迭代和持续创新。他们优化了产品研发、生产流程等环节，提高了创新效率。阿里云在云计算领域的快速崛起，正是基于这样的业务流程优化。通过优化业务流程，阿里云能够快速响应市场需求，不断推出更优质的云计算服务，最终取得了在云计算领域的领先地位。

无论是服务的响应速度、用户感觉到的服务质量，还是企业的创新能力，都是由企业流程直接创造和传递的。顾客直接感知到的各种服务都与企业的流程产出密切相关，一个好的生产服务流程是企业的产品或服务能够真正满足客户诉求的关键。那么流程该如何管理，流程做到什么程度才算得上成熟，读者将在下一章找到答案。

第3章

数字化流程的管理和挑战

谈到流程管理，最令人激动的莫过于在对业务流程进行管控和发掘时，突然迸发出新的业务增长点。自管理学诞生以来，每次实践与理论的发展都离不开发掘与管控然后再迸发的过程。

早在粗放管理的19世纪70年代，资本积累和工业技术进步是工厂的主旋律，大小工厂都在忙着上机器生产，在管理者期盼效益将和他们的工厂规模一样高歌猛进时，最终看到的却是高昂的资本投入和生产线上的浪费。他们忽视了对工人和生产线的管理，使得工人也同样不满。新的生产方式为单个雇佣者带来了更高的生产力水平，一方面给了工人们懈怠的资本，另一方面也给他们带来了失业的压力。任何一个系统都会有变革的阻力，管理者可以等到需背水一战时再作决断，也可以通过耗费大量精力的调研、走访锁定问题症结，并用科学合理的管理方法将这些阻力疏导为助力。如果不计成本的话，相信管理者都倾向于走上第二条路，享受到“为人先”的进步福利。然而，办公室和工厂总有一段距离，工人和管理者之间也存在种种不信任，谁都不能明确地说出问题，或提出双方都满意的解决方案，一次次的反复更加剧了两极矛盾。

变化的环境，既带来了机遇，也带来了压力，企业需要一台X光机去发现症结所在，才能找到问题并解决问题，进而释放企业的潜能。曾经，弗雷德里克·温斯洛·泰勒（Frederick Winslow Taylor）耗费十余载，用他在一线的日日夜夜点亮了工厂问题的透视图。他从哈佛辍学后，从机械工人做起，历任车间管理员、技师、总工程师等职务。没人记得他为了探索出更合理的生产流程在多少个车间亲自上阵，也没人记得他为了提出一个标准举行了多少次比赛、做了多少次实验，最后被人记录下来的只有他为那个时代的企业问题开具的名为“科学管理”的药方。

在管理视野局限于“科层制”的年代，发现问题只能去一线实践，高昂的管理成本使得管理学之父泰勒耗费十余年的时间，才探索出科学管理的一系列标准和管理形式。两个世纪过去了，人们从未停止去发现企业内部流程问题与管控成本。20世纪80年代，一成不变的科层制企业管理形式不再能适应组织快速发展的问题暴露后，基于顾客（customer）、竞争（competition）、变化（change）的3C理论为企业更敏锐地洞察市场变化提供了新的视角。90年代，经济全球化浪潮到来，市场的变化更为迅速，为让企业更加适应环境，哈默等人关于组织革命的著作正式将业务流程再造（BPR）理念带入了人们的视野，一众企业人开始重新审视公司的业务流程，从根本上寻求更高效的管理方法与组织形式。这些组织管理方法都在一定程度上改善了企业管理中视野局限、管理问题发现不及时、不全面的问题。但仅运用这些管理哲学大多只能在大方向上把握企业运营，得出例如：问题可能出在新出现的竞争者身上，也可能出在企业某个部门的结论，难以将问题精准地锁定到如：因为部门中A程序的运作不合规，或是因为部门中B系统的资源不够用的层面，发现问题后只能进一步通过实地调研的形式锁定症结，从而降低了解决问题的效率。

为解决实地调查流程不及时、不充分的问题，进一步与战略融合，跨职能组织的全面业务流程再造与管控方法逐步走入了人们视野。企业资源企划（ERP）、全面质量管理（TQM）、业务流程改进（BPI）等技术与理念的应用虽然实现了部分跨组织的流程管理与改进，但离根除信息滞后、部门间或端到端业务流程中关注点与发力点不同等问题还有不小的距离。在本章我们先回顾传统的流程管理规范，然后从分析数字化流程入手，提出数字化流程管理面临的问题和挑战。

3.1 流程与流程管理

3.1.1 APQC框架

APQC是美国的一个非营利组织，全称为“美国生产力与质量中心（American Productivity & Quality Center，APQC）”，致力于帮助组织改善绩效、提升效率和实施最佳实践。APQC流程架构是该组织提供的一种通用的流程分类和描述框架。

它起源于20世纪80年代，当时美国的一些组织意识到需要一个通用的流程框架来帮助管理和改进业务流程。于是，APQC 组织成立并开始开发和推广这个流程框架。经过多年的发展和实践，APQC 流程架构逐渐成为一个被广泛接受和使用的流程管理工具，为组织提供了有价值的业务流程管理方法和实践。APQC 流程架构的提出主要有如下考虑。

提供统一的语言和结构：APQC 流程架构为组织提供了一个通用的语言和结构，使不同组织之间能够进行流程对比和学习。它为组织提供了一个共同的术语和标准，有助于更好地沟通和理解各个业务流程。

促进流程优化和改进：通过使用 APQC 流程架构，组织可以全面理解和分析其业务流程，识别潜在的改进机会和瓶颈，并采取相应的措施来优化和改进流程。这有助于提高效率、降低成本和提升组织绩效。

共享最佳实践：APQC 流程架构提供了一个广泛的流程分类，包括各个行业和领域的最佳实践。通过与其他组织进行对比和学习，组织可以获取来自不同行业的实践经验，并应用于自身的流程优化和改进。

评估组织能力：APQC 流程架构可以作为组织能力评估的基础，帮助组织确定其在各个业务流程方面的成熟度和改进需求。通过对照流程架构，组织可以发现自身的短板，并制订相应的发展计划。

下面是对 APQC 流程架构各个层级的详细介绍。

Level 1（一级）：这是最高层级，分为四个主要类别，即组织层面、战略规划、管理和支持流程，以及实施流程。

Level 2（二级）：在每个主要类别下，进一步细分为具体的流程群组。例如，在组织层面，可以包括战略管理、人力资源管理和财务管理等流程群组。

Level 3（三级）：在每个流程群组下，进一步细分为具体的流程类别。例如，在人力资源管理中，可以包括员工招聘、绩效管理和培训开发等流程类别。

Level 4（四级）：在每个流程类别下，提供更详细的流程定义和描述。这些流程定义包括具体的活动、输入、输出、角色和控制点等。

APQC 流程架构可适用于各种组织类型和行业，例如制造业、服务业、金融业等。它提供了一种结构化的方法，帮助组织理解和优化其业务流程，从而提高效率、降低成本并实施最佳实践。

需要注意的是，APQC 流程架构是一个通用框架，可以根据组织的具体需求进行定制和适应。组织可以根据自身的业务模型和流程特点，进行调整和补充，以建立适合自己的流程架构。

3.1.2 业务流程再造（BPR）与业务流程管理（BPM）

BPR的概念最早由美国学者迈克尔·哈默（Michael Hammer）和钱皮（James Champy）在20世纪90年代初提出。当时，哈默观察到许多组织的业务流程陷入僵化、低效和繁琐的状态，无法适应快速变化的商业环境。他主张通过对业务流程进行彻底的重新设计，以实现显著的改进和效率提升。BPR的理念得到了广泛传播，引发了一场全球性的流程改革浪潮。

BPR的出现与当时的历史事件密切相关。20世纪80年代末和90年代初，全球经济竞争日益激烈，信息技术的快速发展催生了数字化时代的到来。同时，国际市场的开放和贸易自由化也加剧了企业间的竞争。在这个背景下，企业迫切需要提高效率、降低成本并加速创新。BPR的概念应运而生，成为许多组织转型的策略之一。我们耳熟能详的福特、西南航空、摩托罗拉都是这个理念和方法的受益者。在20世纪80年代，福特汽车公司面临着严重的竞争压力和生产效率低下的问题。为了应对这些挑战，福特采取了BPR的方法，彻底重新设计了其生产流程。他们摒弃了传统的流水线模式，引入了一种称为“精益生产”的新模式。这个新模式强调团队合作、去除浪费和持续改进。福特通过这种方式实现了生产效率的显著提升，重新夺回了市场份额。西南航空通过BPR实施了一项名为“20分钟登机”计划的流程改革。在此之前，登机流程需要较长时间，效率低下。西南航空公司决定彻底改变登机流程，简化手续，采用更高效的方法。他们成功地将登机时间从过去的30分钟以上减少到不足20分钟，大大提高了航班的准点率和乘客满意度。在20世纪90年代初，摩托罗拉面临着来自日本和韩国等亚洲竞争对手的压力，为了提高竞争力，采取了BPR方法，重新设计了其生产和供应链管理流程。他们引入了供应链集成、精细化库存管理和快速响应市场需求的措施。通过这些改革，摩托罗拉大幅度降低了生产成本、缩短了产品上市时间，并提高了产品质量。

BPM 的概念相对于 BPR 来说较晚，它在 21 世纪初开始受到广泛关注。BPR 通常是一次性的、革命性的变革，旨在解决严重的业务问题和瓶颈。而 BPM 则强调对业务流程的管理和持续优化，以实现组织的灵活性、可持续性和创新能力持续改善，经历过 BPR 的企业已然具备一些流程能力，但复杂的环境仍然对其流程提出各种要求，流程管理等新目标恰好契合 BPM 的理念。

➲ 3.1.3 流程的成熟度模型

提出 BPR 真正标志着人们逐渐强烈地意识到需要对流程进行体系化管理，并形成商业流程改进的方法体系。距今已经过去 30 多年，这期间，在流程改进的道路上，许多企业家和专业人士不断地探索，不断丰富和发展着流程的理念和实践，那么，人们实践的情况如何呢？如何评价某个行业和企业的流程实践情况呢？为此，哈默提出了流程和企业成熟度模型（PEMM）。

在这个流程成熟度模型中，哈默从流程设计、流程员工、流程所有者、基础设施、指标等维度进行评估，将流程的实践情况分为四级：P-1 级的流程既可靠又可预测；P-2 级表示一个流程达成了良好的绩效，公司实现了端到端的流程设计；P-3 级的流程实现了最佳绩效，管理人员可以在必要时将其与其他内部流程整合，以最大化体现流程对公司绩效的贡献；最后，在 P-4 级的精细化领域中，流程处于同类一流水平，它超越了公司的界限，惠及供应商和客户。

处于不同流程成熟度水平的公司在业务的效率和质量、发现流程问题和瓶颈，以及适应业务环境变化的能力上存在很大差异。反映为公司面对不同市场环境能否及时做出流程调整的敏捷性和公司面对市场冲击的韧性。公司业务流程的成熟度是企业持续发展和提升竞争力的重要基础，值得企业高度重视和投入。

当面临快速市场变化时，不同流程成熟度的公司会有不同的应对方式和结果。在相应流程上流程成熟度高，且应对市场变化取得成功的公司不在少数。如谷歌在面对快速市场变化时，利用其高度成熟的流程管理能力，快速调整业务流程，推出了一系列受欢迎的新产品和服务。丰田在面对全球金融危机时，通过其成熟的业务流程管理能力，优化了生产流程和供应链管理，从而实现了成本控制和效率提升。在面对危机期间，丰田的流程管理能力被认为是其成功的关键因素之一。

当然也不乏因为流程成熟度不高而带来失败的案例。如消费电子行业曾经的巨头诺基亚，它在面对智能手机市场快速变化时，由于其业务流程管理水平相对落后，不能捕捉到消费者对手机产品的新需求，导致了产品开发滞后和竞争力下降。诺基亚在其业务流程中缺乏足够的标准化和流程改进能力，无法及时调整业务流程以适应市场需求。

直观来看，一个流程的成熟度和生命力可以从它应对外界变化的敏捷性和韧性看出。如何从初始阶段稳步积累管理经验、形成流程文档资产，从而过渡到更高的流程成熟阶段是管理者面临的重要管理问题。

随着数字化时代的到来，各个行业和企业都开始关注自己的转型、颠覆式创新，特别是各种智能终端、中央信息处理功能以及互联网的广泛应用和升级改造，人工智能、云计算、大数据、5G、工业互联网、物联网、区块链等技术的推广和应用，流程变得越来越重要。由于市场的变化太快，流程需要快速适应竞争的需要，因此流程不断地被新建或者完善。鉴于此，流程应该从管理走向运营，按照哈默的成熟度理论，流程应不断地被提出、被评估、被优化，不断地在P1到P4之间变换。

3.2 数字化给流程管理带来的变化

流程数字化之后，转向以集成的信息化系统为平台的工作方式，对企业管理水平的提升效果当然是显著的，但是很快企业的管理者开始意识到，信息化系统也不是万能的，而且也不可能将所有端到端的全部流程环节都固化到信息系统中，有的是因为成本太高，有的是因为难以做到。因此，管理者开始思考如何从更为科学的角度来分析和构建端到端流程，以确定哪些环节应固化到信息化系统中，哪些环节应该用系统外作业，哪些环节应有人工监控，哪些环节应该有自动监控，哪些环节应设立考核指标，等等。

因此，现代企业大多都建立起了人机协同完成业务的工作模式。在流程支持系统的帮助下，一线的业务人员可以依照着流程支持系统的提示按部就班地开展工作，这样的工作模式下，他们不会对这个订单前序经历了哪些工序、接下来还需要什么后续工序才能竣工、还需要哪个部门才能补齐这些问题感兴趣，因为这无关他们的绩效考核。流程被各式各样的业务系统划分为了端到端的模样，依赖于该系统实现业务的员工仅需对自己的业务负责，对流程的全貌日渐生疏。

这样的现象不仅发生在一线员工身上，连流程的设计者也会被“好用”的流程支持系统给宠坏。在流程建立初期，参与流程设计与系统建设的管理者与系统开发人员对现有流程体系无比熟悉，他们会争取设计出一个尽量完备的系统，以应对大多数的业务场景。建设的系统考虑的场景越完备，流程系统出问题的概率也会越低，管理者在后续的工作中对流程的关注度也随之减少。直到某一天人们终于发现现有的流程不那么高效，开始拖起了公司绩效的后腿时，人们才开始想要优化流程，然而却发现已然忘却了业务的全貌。或许有人会说可以翻阅以往留下来的工作文档，总会有对流程的详细记录的；又抑或是通过走访调研，不断地去完善流程全貌。先不提通过这样的方式管理者可以增进对现有流程的认知，就是快速变化的外部环境也不允许公司完全通过人力走访调研的方式去还原流程。最终，哪怕是在当初参与设计、对流程烂熟于心的管理者，在历经了一些时间和职位变迁之后，也会忘却流程究竟是何种模样，更别提对其进行精细化管理了。

人机协同的工作方式不仅导致公司内部的员工对流程不再熟悉，还对流程的升级与维护提出了要求。以往的流程改进只需要通知到部门和人，辅以更新实物物料和设施，那流程升级就只剩下磨合的工作了。然而在人机协同完成工作体系中，流程信息都在系统当中，实际执行调整的往往是企业外部的系统技术开发人员。很有可能在新的升级任务出台时，原有的对接负责人员已然离职，他们也将面临学习现有流程的问题。哪怕是更新了流程，还会面临如：设计出来的系统真的就贴合设计初衷吗？如果是，那么现有的端到端流程体系运作情况如何？如果运作效果不好，是否有改进空间，将如何改进等一系列的问题。

虽然管理者为流程的高效稳定付出了很多，但是端到端流程的效率和稳定性很难得到根本性改善。举个例子，某公司领导去营业店面调研，营业人员反映，受理一单礼包需要 2 个小时，甚至更长时间。受理时间长意味着客户等待的时间长，管理者立即问随行的调研人员原因是什么（管理者一般带着职能部门相关人员），一起随行的调研人员很难回答出原因来。公司领导回到自己的办公地点后，先找自认为能解决问题的职能部门领导和主管（简称 A），了解情况时发现，A 反馈的问题涉及另外的部门或主管（简称 B），然后又把 B 找来了解情况，B 反馈的问题也可能涉及其他的部门或主管（简称 C）。为了查明原因，从一个人到十个人、二十个人，甚至更多，最终问题还是没有得到解决。A 说是近期系统不稳定，营业人员需要重复多次录入造成的，系统不稳定涉及 B 部门；B 说是一线人员和甩单中心之间交互次数多造成的，交互涉及 A、C 部门；C 说是营业厅资源管理不到位，造成营业人员受理时需要重新录入资源，问题涉及 A 部门。下面我们来分析一下礼包营业受理流程，业务部门画出的礼包营业受理流程如图 3.1 所示，各个职能部门的责任分工如表 3.1 所示。

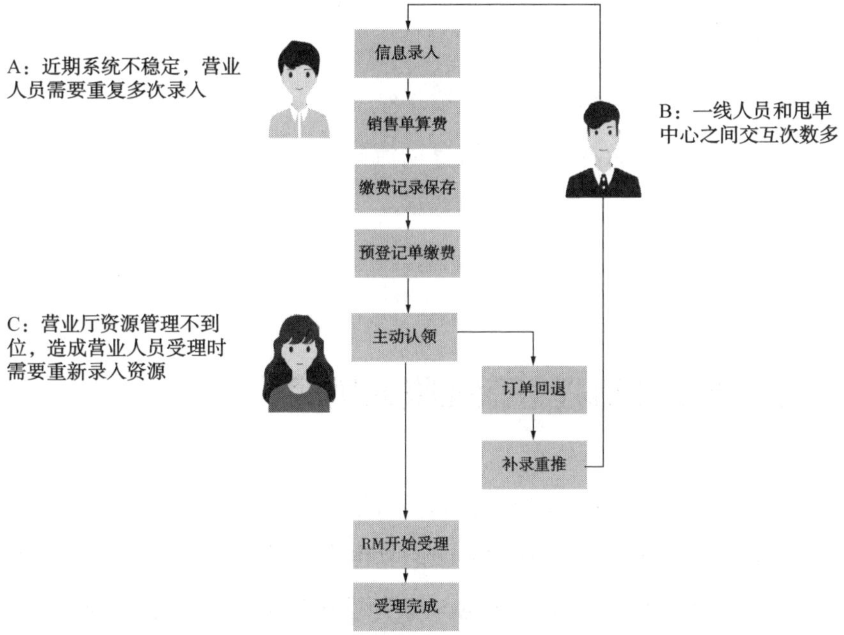

图 3.1　营业受理流程

表 3.1　营业受理流程步骤与职能部门的职责对应关系

步骤名称	责任部门	步骤名称	责任部门
信息录入	A 部门	销售单算费	B 部门
缴费记录保存	B 部门	主动认领	C 部门
订单回退	C 部门	受理	C 部门

为了彻底搞清楚为什么受理一个礼包需要 2 个小时，认真的 CEO 决定召开会议来进行充分讨论，各个部门都反馈一些曾经发生的问题和对应的解决方案，会议结束的时候仍然无法得出结论，为什么呢？

这就是流程和职能的关系问题。受理时长就是业务受理流程的效率问题。企业组织中专业化的分工和考核，决定了职能部门只对自己分管领域的事项比较清楚，而对整个流程的运行状况不清楚。就像例子中提到的业务受理流程，往往涉及公司的业务部门、企业信息化部门和渠道部门。业务部门负责政策和受理规则，企业信息化部门负责系统实现，渠道部门负责对客户接触面的人进行培训和对店面的现场管理，只有三个部门高效协同了，整个流程的效率才会高起来，但是，对于客户来说，不管公司内部职能部门如何分工，客户只对受理时长有感知，而受理时长取决于营业受理整个流程的效率。

从礼包受理案例可以看出，相较于纸质媒介和纯人工的流程，人机协同的流程虽然帮助企业解决了流程的自动流转问题，但是不能从根本上提高流程效率。

3.3 数字化流程管理面临的挑战

20 世纪 90 年代以来，国家的信息化战略经历了四个阶段：财务电算化、十二金工程、两化融合、互联网 +。企业也在经济全球化的多元化发展大背景下，为适应快速变化的业务环境，逐步建立起了不同数字化程度的业务流程支持与管控体系，如 MIS（管理信息系统）软件、ERP（企业资源规划）

软件，亦或是更为先进的基于 SaaS（软件即服务）与分布式数据库的集成化、多终端企业运营支持软件。在这些数字化软件的协助下，企业运营产生的海量数据开始在监控企业运作情况、改进企业运作方向的领域发挥重要作用。

好似一切都步入了正轨，只需要坐在办公室，点点各系统内的指标透视图即可纵观整个企业运作，剩余的管控工作不过是在此基础上的修修补补罢了。威廉·汤姆森（William Thomson）也曾在宏观物理学大体落成时，对物理学的研究发出过这样的感叹：“物理大厦已经落成，所剩只是一些修饰工作。”然而相对论的横空出世，使得人们认识到自己的所见不过是冰山一角，真正的挑战才刚刚开始。在流程管理中，人们认为流程数字化之后，流程管理就做得非常好了，那么实际的情况如何呢？

3.3.1　数字化流程管理方法的探索

首先，我们一起来看一下现阶段常见的流程管理方法，图 3.2 是一个比较典型的流程从设计到执行的示意图。

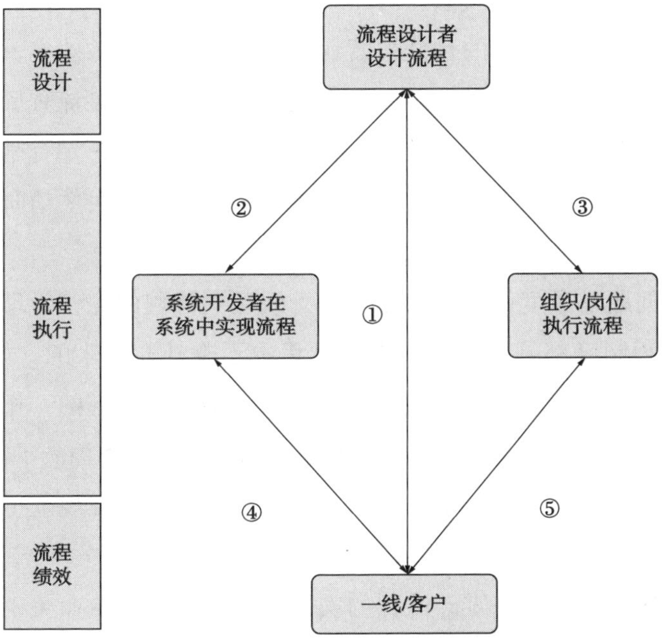

图 3.2　流程从设计到执行示意图

在流程上线前，流程的设计者或者是业务管理人员组织流程相关的部门对流程的可行性、科学性等进行详尽的讨论。之后，交给公司内部的信息化部门去实施开发，开发完成后进行测试，测试无误后，通过文件的形式通知各个组织或岗位上线测试使用，经过一段时间的磨合，正式开始使用。那么对于这种流程管理方式有什么问题呢?

第一个问题是流程设计者或者业务管理者对于流程运行过程中存在的问题发现不及时、不全面。对于流程设计者来说，发现流程问题主要依赖路线①，一线反馈或者客户投诉是他发现问题的主要途径。这种发现问题的方式存在滞后性，更重要的是一线或者客户不能很准确地描述问题，最后，解决问题的办法也只能是发现一个解决一个。

第二个问题是流程设计者、系统开发者、流程执行者之间信息不对称。流程设计者与流程的系统开发者、流程的执行者不归属同一个部门，也不归属同一条职能管理线，流程的设计者很难主动发现问题，无法对整个流程的效率和绩效负责。

第三个问题是部门之间的协同不到位。一线 / 客户可以通过图 3.2 中的①④⑤三条路径反馈流程绩效，对于一线受理人员和客户来说，他们只关注受理时长，这个指标体现的是公司营业受理流程端到端的效率，涉及多个职能部门、多个跨部门的 IT 系统，一线受理人员很难弄清楚流程中存在的问题与管控部门的职责分工之间的关系，想要解决困难和问题是有难度的，久而久之，大家就会对问题习以为常，一线人员平时也不会去主动向职能部门反映问题了。

第四个问题是过度依赖数字化平台，缺乏对流程的完善管理。很多企事业单位的流程制度都是在发展壮大的过程中不断补充出来的。如同创可贴，少了就加，不完善就修改，因为问题的出现大多都是局部的，相应的流程修补方案也多从微观的角度出发，于是在现有的流程框架中加入了许多“救火”流程。就这样，日复一日，年复一年，业务系统中的流程规范可能早就变得零碎而杂乱。

我们不妨先来看一个零碎流程的实例。这是某发电企业关于工程物资核算的通知。

各客户单位：

根据相关法规规定和执行问题反馈，现对我公司的工程物资核算管理做出修订。

工程物资是指用于更改工程、零购项目、基建工程的材料、设备。如果贵公司与我公司签订的物资采购合同属于此类项目，按本通知执行。

根据核算管理的要求，工程物资按全价核算，我公司收料单上的金额是含税金额。商家提供的增值税专用发票，如果是单项货物，可直接在增值税发票上列明；如果是两项及以上货物，增值税发票货物名称栏可注明“见货物明细”，票面金额、税额可汇总填写，后附明细表，明细表内货物的金额按含税价（全价）填写。货物项目必须与我公司工程物资收料单一一对应。

另外，对于已经打印出来的收料单，如果采购员能在本月到财务部报账，仍执行以前的程序；如果不能在9月前报账，采购员必须把收料单的金额改成含税价，商家提供的货物明细表也要与我公司收料单对应。经财务审核无误后方能支付货款。

本办法于2014年9月1日起执行。

请回想一下，在你所了解的企业中，这样零碎的规定多不多？企业需不需要抓大放小，把大的业务流程抓好即可？企业是不是把这些新规定整合到了业务系统后就不再删除或维护，任由它们在系统中“自生自灭”？

这些问题或多或少也在检讨会上出现过，但又有几个能从数字化的流程中被抽离出来讨论、分析、改进再修改现有的人机结合工作流程呢？大多还是不了了之，因为流程在业务人员心中早已成了一个“黑箱”，在工程人员眼里也可能成了一团乱麻；前者对它一知半解但又过分信任，后者为曾经对它的数字记录修修改改，现如今却苦于为了维稳而畏首畏尾地修正，因为也只有他们能理解这个“黑箱”，流程改进的效果也只能从一些零碎的指标中评估。

针对上述四个问题，我们可以看出流程数字化后，虽然流程的效率得到了提高，但是离我们的期望还有距离，需要我们面向数字化流程探索新的流程管理方法，以适应企业数字化带来的变化。

3.3.2 数字化流程管理工具的开发

当下，流程实际存在于公司的各类信息系统里。业务人员只关心系统中出现的一个个红点提示，管理人员更只是着眼于成本、时间等各类流程指标。当下，人们往往不再考虑：订单是怎么流到我们部门的，是否经历了必要的流程步骤，将前往哪个部门去，是否还需要完成这些步骤等一系列问题，因为这些都是系统设计好的，而系统又是专家从上而下制定的，那肯定就是对的。听起来是一个很完整的逻辑闭环，事实当真如此吗？

在人机结合的流程体系当中，大家都太依赖于既定的流程系统了，以至于没人去深究里面到底发生了什么。人人都只需要关心简化后的流程即可，于业务人员而言就是待办事项，于管理者而言就是抽象后的一个个指标。于是企业的流程就成了一个黑箱，我们可以看到操作的按钮，可以看到仪器指标，但是对它们是如何产生和运作的却一概不知。如果流程设计合理，那自然无可厚非，可是置身于不断变化的外界环境中，没人可以在这个问题上给出肯定的答案。

人机结合的工作模式当然可以为企业内端到端的流程带来生产效率的提升，但它们同时还会产生海量的数据。这些副产物将会是优化企业运作，指导企业向前的重要依据。企业需要一种能即刻感知流程运行信息的管理工具，它的感知粒度需要足够的细节，能反映需要关注的任何流程问题；它的覆盖范围也需要足够广阔，从公司业务发展的最初阶段到终止退出的全环节都应充分覆盖。

3.3.3 流程意识需要进一步提升

还记得我们对工业革命脉络的梳理吗？无论是能源革命还是信息革命都催促着企业去分工、分工、再分工。好像每个人专注于一件事就能将公司效益提高，大多数情况下，我们也只记得我们这样做事是因为“我们一直都是这样做的”，很少有人去思考“我们该怎么做，这是最好的办法吗？”

要想企业或组织变得更好，你必须非常清楚地了解这个庞然大物究竟是做什么的。若要组织有持续改进的能力，还需要在公司工作的每个人都清楚自己在整个流程中扮演的角色。无论是哪个目标，我们首先想到的切入点都是基层员工，因为他们是公司战略的真正执行者，应该知道公司在做什么。事实也的确如此，无论总体业绩如何，他们都一心埋进自己的工作，对既定的工作流程烂熟于心，通过与他们交谈总能小有收获。但这无论是他们还是通过他们了解业务的管理者，得到的始终都是一种“虫瞻”的视角，他们需要“鸟瞰”，了解公司在做的事情，以及在实现公司目标或达成更好效益的方面自己将发挥的作用，这是一种面向公司和公司未来的流程视野。

只有了解了企业所做的事，我们才可以设计新的方案；而只有不断地优化现有流程中各个环节，与公司目标进行对标，才能不断完善流程，摆脱“我们一直都这么做”的陷阱。通过对流程的高效观测，拥有端到端的无缝衔接，将会让公司战略执行更彻底，让公司成本更透明、更节省。这也将是你与你的对手公司区分开来的重要武器。

第4章

流程挖掘技术给流程管理提升带来新的机遇

4.1 信息化时代的管理问题与工具

4.1.1 信息时代的管理工具演进

在前面章节，我们为大家展现了数字化时代企业管理问题的冰山一角。尽管国内企业用上了各类支持系统，使得业务运作情况与企业资源得以初步地呈现，然而因对业务流程可能发生的事件考虑不到位、监控审查手段不足等，企业或是对一些可能的业务增长点认知不到，或是后知后觉地发现一些关键性的流程问题，可能引发企业级乃至社会级的风险和问题。这些问题是静态的公司流程设计难以涵盖所有动态的业务场景招致的必然现实。

针对这些问题，基层的业务人员因不能认识到其重要性鲜有向上报告；尽管管理者能意识到这些问题的重要性，但又受制于现有信息技术与分析方法的视野局限性，难以尽早地从各类历史的业务指标中捕捉到蛛丝马迹。企业管理者采用了各种过程感知的信息系统（Process-Aware Information Systems，PAISs），如事务处理系统（Transaction Processing System，TPS）、大型企业资源规划（Enterprise Resource Planning，ERP，如 SAP、Oracle）、客户关系管理（Customer Relationship Management，CRM）、呼叫中心系统（Call Center）、高端中间件系统（WebSphere）等，以感知并记录企业内的各类子流程运作情况。为进一步强化基于流程数据的监控运作事实的能力，人们还构建了管理信息系统（Management Information System，MIS）、决策支持系统（Decision Support System，DSS）、主管信息系统（Executive Information System，EIS）、商业智能（Business Intelligence，BI）等一众管理工具。

TPS 系统主要针对的是基层员工遇到的结构化问题，如电子 B2C 商务场景下的订单的创建、提交、支付、备货、发货流程，它可以协助基层员工提高流程中各项常规性、重复性基本决策的效率。MIS 是在 TPS 系统数据分析需求上应运而生的直观分析系统，其重要特征是可以输出一些简单但常用的企业报表，这些报表通常是直接从TPS数据库中通过查询、排序、分组、求和、平均等一系列的简单运算，最终以预先定义好的格式呈现给使用者。这些报表能从整体上回答业务实施情况是否满足预期的问题，是对业务流程执行情况的初步分析。但受制于滞后的分析数据与简易的分析方法，这类企业系统难以支持复杂环境中非结构化问题的决策。

决策支持系统与主管信息系统是面向中高层管理者决策非日常问题的辅助系统，我们首先关注前者。Sprague和Watson将DSS异于TPS和MIS的主要特征总结如下：它是以数据和模型为主要资源，用于支撑用户对半结构化与非结构化问题做出有效决策的系统。具体而言，它常在债券交易、制定市场预算、价格歧视下的收益管理等场景发挥作用，如针对有不同消费历史、不同时间紧急程度等特征的消费者，收取不同的机票价格的收益管理模型。美国航空公司CargoProf即采用决策支持系统最大化可用货运空间的单位收益，两年为公司带来了900万美元的价值。决策支持系统是基于历史数据与模型的复杂问题辅助决策工具，其主要价值在于历史数据与模型，可以对一些半结构化问题给出良好的决策支持，如果事情复杂到现有模型难以刻画，企业高管可以依据EIS提供的信息进行决策。

为更好地展示主管信息系统之于企业的价值，我们需要首先关注企业高管决策的工作特点。企业高管主要面对的是战略性的问题，解决这样的问题不仅需要企业内部的信息，还需要企业外部的视野支撑。企业内部的信息来源于各职能部门的事务处理系统，企业外部的信息则可以源自在线数据库、新闻媒体、政府工作报告等。EIS系统可以支持收集并评估海量的信息的流程，并进行定性和定量的分析，基于此高管团队可以研判企业战略层面是否存在问题或机遇。主管信息系统支持的高管机遇与问题发现可以为决策支持系统提供新的建模与关注方向，如高管在发现新的市场机遇后，需要对新市场的投入预算进行决策，此时可以通过决策支持系统对历史的市场开拓情况进行分析建模并给出战术层面的投资决策指导。从这个例子中我们可以看出，EIS和DSS在使用人员与解决的问题上存在差异，它们在企业运营中呈现互补的态势。

我们可以很容易发现 DSS 和 EIS 的弊端，它们的应用场景都局限在中高层管理决策，其运作都依赖于一套模型或信息评价机制。然而企业的运作和高层决策是一个要求时效与协作的整体，也不是所有结构化与半结构化的问题都可以抽象为易于求解的数学模型，企业也不需要将所有问题都进行建模。一个延续了数据驱动的决策模式，且更为易用、覆盖面更广的概念——商业智能（Business Intelligence，BI）应运而生。商业智能的概念最早于 1996 年由加特纳集团（Gartner Group）提出，被视为将数据转化为知识，助力企业决策的工具。在这个过程中，数据的记录和存储用到了事务处理系统和数据库技术，数据转化为知识等过程中则用到了联机处理（Online Analytical Processing，OLAP）及数据挖掘等技术。可见 BI 并不是全新的技术或分析框架，而是在实践中基于管理科学方法的运用对已有技术与分析方法的整合与发展。在它的旗帜下，更实时、全场景的管理需求由业务活动监控（Business Activity Monitoring，BAM）及复杂事件处理（Complex Event Processing，CEP）等仪表盘工具初步实现，它们可以对业务流程的特定指标进行实时监控，并在特定业务事件流发生时发出警报。除了在实时性与全面性上的努力，越来越多的 BI 厂商还致力于将最新分析工具的结果可视化，利用人的视觉分析能力找出趋势和规律。

然而无论是何种分析方法或是可视化形式，商业智能终归会对流程的实际运作情况进行抽象并有侧重点的数据处理。基于传统数据库与各类查询语言、挖掘技术的现代 BI 引擎，已经在全量化的流程信息监控、实时的数据分析及集成的智慧决策导航等方面显得“心有余而力不足”。流程挖掘（Process Mining）是基于全新的流程数据存储与查询技术框架构建的全量化、实时性分析与导航方法体系。这项面向流程的建模与分析技术不仅能实时还原业务运作路径，做到“流程孪生”，对绝大多数查询与分析工作做到秒级的响应，还可以根据不同的业务需求集成一致性检查、数据挖掘以及各类决策支持模型。

正如 Wil van der Aalst 所言：“流程挖掘不仅提供了数据挖掘与 BPM 之间的桥梁，同时也有助于解决传统上‘业务’与‘信息技术’的割裂。”流程挖掘技术的最直接产物即是流程孪生，它既可以向信息技术部门传达业务认知，也可以向业务部门展现各项信息技术为公司运作与分析带来的效率与数据支持。除了能直接带来的业务检查与分析效果，还可以增进企业内组织融合，为业务流程改进与信息系统的开发搭建一个相互交流的平台。本章后续内容将对流程挖掘的建模理论与实践方案进行综述。

4.1.2 信息时代的管理问题

这是一个大分工的时代，以地球村的视角，我们看到以国家和地区为单元的贸易船只来来往往，络绎不绝；以企业为一个个单元，我们发现产品要交付到顾客面前需要多企业配合，不同企业分别负责生产、装配、运输，供应网络纷繁复杂。

哪怕是在一个企业中，一个企业主体也将自己的各项职能以部门的形式划分为各个业务单元：人力资源部门、财务部门、销售部门、采购部门、营销部门、IT 部门、研发部门、法务部门等。这些部门分管人力资源、财务、销售与客户、物资采购、市场调研与品牌推广、IT 技术设施维护升级、产品研发与创新，以及法律合规等方面的公司活动。分工从而专一、专一进而精益，这是企业在内部设置这些部门的理由。

在前三章，我们已经对公司在信息时代需要面临的外部冲击进行了较为充分的讨论；在本节我们将着重关注于信息时代企业不可忽视的内部管理问题。管理总是被定义为“计划、组织、领导、控制”构成的综合职能，但这些职能的具体实施过程始终都绕不开管理人员去获取企业运作的信息、找到解决方案、执行解决方案的探索范式。无论在哪个时代，如何找到精确的决策依据信息都是永不过时的话题。我们已经在前文提到了，我们正处于信息革命的浪潮中，它将要解决的也是企业内外的信息沟通问题。我们获取决策信息的能力是否真的增加了？为在信息时代做好管理的第一步——信息收集，还需要直面哪些问题？通过对本节的阅读，读者将会找到答案。

相信现代企业已经习惯了人机协同的工作模式，业务人员往往只需要操作一下机器，填一填表，生产任务就被推进了。为了不成为企业中的业务短板，各个部门相继用上了业务支持系统，如人力资源部门的人力资源管理系统（HRMS），财务部门的财务管理系统（FMS）或企业资源规划（ERP），销售部门的客户管理系统（CRM）或销售管理系统（SMS），等等。一个部门少说有一套相对独立的系统。不可否认的是，在信息化初期按部门逐步升级公司的内部系统是一个不错的公司整体信息化升级方案：逐步升级可以降低系统在内部的应用阻力，一个部门的经验也可以在多个部门间交流分享，当然公司的资金流也更为平稳可控。初步信息化后的公司，局部的运作效率是提升了，但为提高订单执行效率，提高业务自动化程度而涉及的业务系统也面临其他的诸多问题。

从数量上来看，相对独立的系统过于繁多了，以部门为单元而搭建起的系统是“竖式”的碉堡，往往具有较高的封闭性。单从执行的角度上考虑，问题还不算大，企业只需要注意系统间的信息交流即可。然而如果企业需要开展局部或整体的流程优化工作，就会显得繁琐和力不从心。究其根本，还是因为在设计初期，这些系统的功能就是提高运作效率，碍于历史视野的局限性，鲜有人在那时关心如何将这些系统管理起来。大家都在自己的业务单元中堆砌起只属于自己部门的“高效”执行框架，有多少部门就可能有多少系统，人人都在关心这个新系统可以为现有业务带来多少效率提升，就好像在搭建“竖式”的碉堡，保障这项业务单元在变动的环境中永不“失守”。很显然，这并不利于企业整合管理信息，指导后续决策。企业费尽心思搭建起来的封闭式业务单元与企业的整体分析需求有着难以调和的冲突。

业务分析需求总是强烈地存在，着手探究过的企业很容易发现大量的“竖式”系统并非最大的问题，割裂的底层技术还在其间暗暗使绊。如若它们共享一个开发逻辑，有相同的数据规范，那么收集数据尚不能成为很大的问题，在一个系统中信息采集工作的成功可以很快地在不同系统间复制。然而，现实并非这么美好，因为分批升级，系统的开发经历了多次招标，不同的公司承接了这些项目。在数据规范上，国际上有成熟的方法体系和开源的项目规范。然而应数据安全和自主知识产品的要求，我们并不能直接应用这些规范，因此各个软件供应商开发了多套自主研发的系统，这进一步加剧了信息的割裂。

步步为营、稳扎稳打的数字化为企业建立起了一套局部好用、相对独立的数字化系统，从企业管理发展的角度来讲，这确乎是好事，提高的效率远远大于这些独立的弊端。然而，随着管理需求的变化，管理者们需要对企业运作有更为整体的视角，单凭这样割裂的系统并不能支撑起频繁而精细的运营数据需求。好消息是，已然有这样一些奋斗在管理一线的人们正致力于解决这些问题并取得了卓越的成效。他们的实践成果正逐渐形成在信息化背景下，企业流程分析与诊断的一系列管理工具，这就是我们即将要介绍的新管理工具——“流程挖掘”。

4.2 流程挖掘技术介绍

4.2.1 什么是流程挖掘

在第三章我们看到，实名制新规及各样的外部环境变化让企业的运作在适应性变革或落伍的边缘游走。如若问题紧急，企业调动涵盖人力、技术、财务、采购等多个职能部门的资源，只为尽快跟上步伐，度过这段危机。凭借着临时打造出来的流程，有的公司幸存了，但没人知道这样的流程究竟有多么完备和高效，更没人知道它还能经受得住多少次这样的冲击。

只要公司尚在，为了一次环境冲击而建立一个新流程，打打补丁总是可以的。吃下止疼药当然可以缓解暂时的疼痛，甚至是凭借企业的韧性熬过这次危机，但如若没有办法去为修修补补后的企业把脉，就没人知道它是否可以撑过下一次。不幸的是这些流程很快地就埋没在了各类系统中。工作总是繁忙的，在脱手一阵子之后，哪怕是流程的设计者或工程师也很难再将一项项业务串联起来，更别说是持续改进了。当我们终于在某次危机时发现了问题，此时为时已晚，企业的未来也只能听天由命了。

要打破公司在自己编织的“流程茧房”中不断内耗，企业需要知道自己在做什么。流程是企业完成各项职能的基础，管理者只需要知道各项流程在做什么，完成之后接下来要做什么和需要做什么，就可以对现有流程进行持续的调整和改进。而这正是流程挖掘技术所正在做的事。

公司的“流程茧房”是企业被信息系统“宠坏”后的必然结果，正所谓“解铃还须系铃人”，我们是否可以从现有的企业业务支持系统中持续还原流程，打破僵局呢？答案是肯定的。在人机协同的流程中，业务员的每次操作都是在业务系统的框架中进行的，因此也将留下它们宝贵的信息——事件日志。在公司介入前，用户开始实名了，将在CRM中留下一条记录；信息上传成功了，同样会留下记录；后续的审核细节情况、是否通过审核、企业内上下行的反馈，都将在不同的系统中留下记录。它们总是包含了事件的名称、内容摘要、反馈结果和时间等信息。规范地来讲，每一个订单或业务诉求单元都可以被称为一项案例（Case），这个案例在企业各项流程中完成业务诉求的过程会在IT系统里留下很多记录（数据），每一条记录都由一个活动（Activity）和一个时间戳（Time Stamp）组成，也被称作一个事件（Event）。案例编号、活动和时间戳合并起来就可以称作一个简单的事件日志（Event Log）。

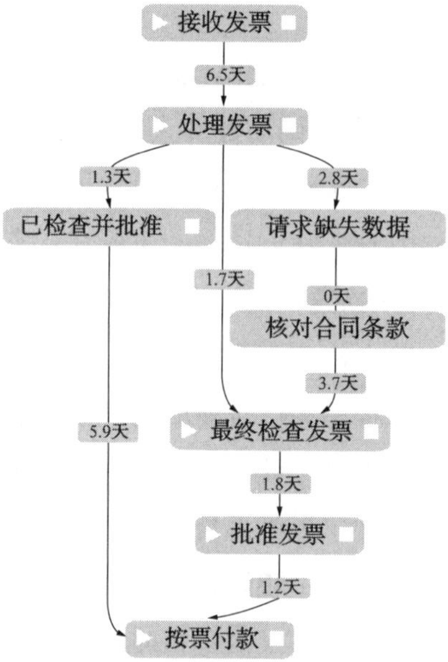

图 4.1　含时段的简单流程孪生示例

单个事件日志并不会产生太大的业务价值，然而将它们按照时间串联，就可以创建企业整体流程的简单数字孪生，如图4.1所示。形象地来讲，依靠这样的数字孪生我们可以很快地绘制出企业的流程图，通过它案例在事件中的流转情况不仅一眼可见，一些其他指标如流转时间、案例数、转化率也可以一并展示，为管理者对流程改进工作的初步把脉提供切入点。简单来说，这就是流程挖掘，它致力于把隐藏在人机交互系统中的事件和时间信息找出来，以流程图的形式展现企业的业务运作逻辑和业务指标。

4.2.2　流程挖掘的建模技术

运营管理（Operations Management），特别是运筹学，是对管理问题进行数学建模，并对模型进行优化仿真，最终指导生产运作的管理科学分支。其思想与最初的运用可以追溯到 Frederick Taylor（1856—1915 年）建立起的科学管理思想处事准则，以及 Henry Ford（1863—1947 年）在实际生产流程中引入的生产线理念，大约有 1950 台计算机和电子通信设备由此开始影响企业的业务过程。自此，计算机和通信领域的创新为业务流程的变革带去了一次又一次的变革，业务对信息系统的依赖愈加严重，这使得业务建模的重要性日益凸显。

业务的过程模型能够针对特定业务指标与运作规范提供深入的洞察力，并基于此给出无二义性的文档化业务流程表示。这使得跨组织的业务监管与交流成本大大降低，也是如今组织广泛应用过程模型的重要原因。

现有的多种数学模型已经在生产运营中带来了多方面的业务改善，种种应用实例已经为数学建模指导科学管理的决策模式做好了高效性的背书。比如，运筹学中基础的线性规划被用作求解仓库的选址问题；排队论可以指导服务能力的设计；整数规划则可以很好地求解指派问题以及货柜码头的最优路径问题等。这些都是运营管理问题中，已经被广泛应用于解决特定问题的模型，都是运用特定技术解决特定问题的优秀例证。基于 BPM 的思想所建立起来的模型则往往是为服务多重目的设立的，如业务流程建模柱注（Business Process Modeling Notation，即 BPMN）的模型则可以用于呈现流程的合规性、分析业务间的依赖性，以及借助仿真模拟来预测新流程的性能。

4.2.2.1 过程模型

Wil van der Aalst 在其著作《Process Mining》中将运营管理与 BPM 的模型描述为“一种艺术而不是科学”。只为说明科学的方法只能指导设计模型并分析问题，但设计模型时基于的数据源、建模的思想高度、建模考虑的流程粒度都将影响这门科学能描述问题的细致与准确程度。虽然这项工作充满这些不确定的挑战，但仍有一系列的建模方法可以帮助我们从细节和整体上把控流程。

变迁系统是最基础过程建模表示法，是由业务所处状态与状态间变迁所构成的流程建模形式，大多数变迁模型能很轻易地被转化为更高层次的表达法，如 Petri 网，BPMN、UML 活动图等。变迁系统的定义虽然简单，弊端也较为突出，最为突出的是其描述并发问题时存在的状态爆炸问题；但是变迁系统也因其建立较为简单、理解容易的特性，得以在业务流程简单、并发业务少的流程建模中得到了一定的应用。图 4.2 是一个索赔流程的请求示意图，所有实例都始于状态 1 终于状态 7，状态标签仅仅是标识符没有具体的含义，变迁用弧线表示，连接两个状态，我们以活动名作为标签增加可读性。

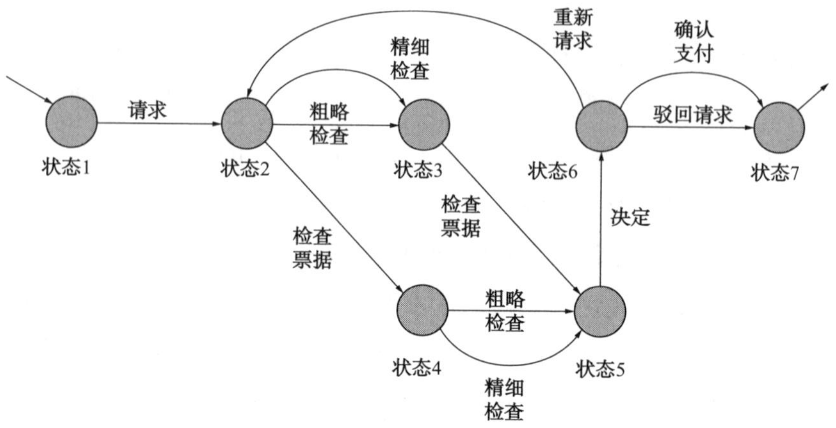

图 4.2　一个拥有单一初始状态和终结状态的变迁系统示意

在业务过程中，必然存在并行的业务流程，我们需要在此项目上更具表达力的模型，如 Petri 网，来合理刻画过程挖掘的结果。Petri 网也是研究最为深入，且支持并发语义的过程建模语言。其主要的构成元素：描述业务是否被激活可向前进行的“托肯”（Token），描述托肯所处业务阶段的“库所”，以及刻画托肯在业务阶段间转化的元素“变迁”。当一个变迁的前置库所中都有“托肯”时，该变迁则可以被激活，即业务可以继续流转下去，此时我们称该变迁为“使能”的（enabled），可以发生（fire），当变迁发生后，旧的“托肯”将被消除，新的“托肯”将被生成，保证流程在完成必须的业务后再进行到下一个阶段。Petri 网在描述并发的业务流程时有较好的描述表现，不至于生成过多可能的业务状态模式，且已经存在大量有效的分析技术与手段；然而却在捕获数据相关与时间相关的内容上存在不足，因此学者提出了 CPNs（Colored Petri Nets，有色 Petri 网），可以较好地描述流程在数据与时间维度上的特征，如图 4.3 所示。

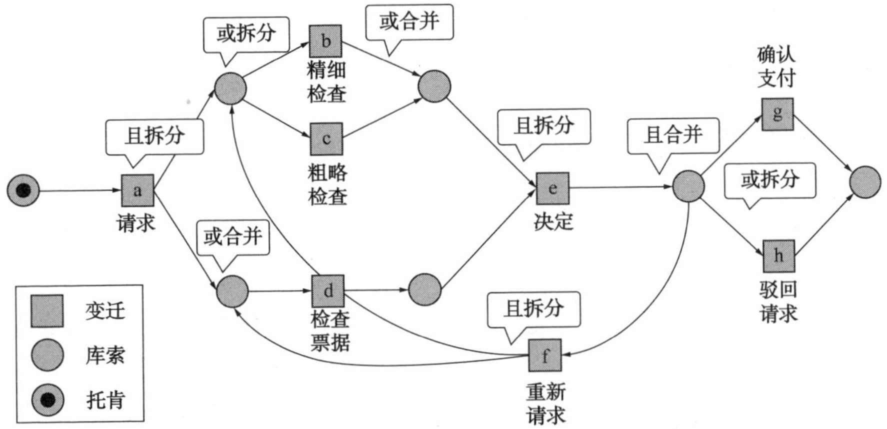

图 4.3　一个拥有单一初始状态和终结状态的 Petri 网示意

BPMN 已经成为应用最为广泛的业务过程建模语言之一，被许多流程建模与分析解决方案提供商支持，且已有由 OMG 提出的一个较为成熟的标准体系。与 Petri 网不同的是，它使用网关（gateway）而非库所的形式，去显示地刻画业务进行的“或与且”的关系（如图中的正方形），即模型语言的 XOR 与 AND 网关对应着事实流程中的“或与且”的业务逻辑。BPMN 标准为建模人员提供了超 50 种不同的建模元素，可以使得流程建模与分析方案供应商为不同的业务场景建立的流程模型表现得尽可能简洁，且颇具实用主义，如图 4.4 所示。

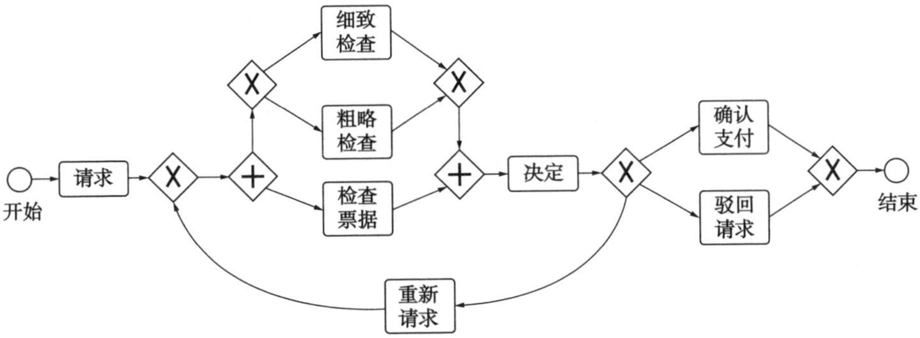

图 4.4　一个拥有单一初始状态和终结状态的 BPMN 示意

除上述常见的过程模型，为人们所熟知的还有被看作 Petri 网的一个子类的工作流网（WF-nets），开源的工作流系统（YAWL），被部分流程建模产品应用的事件驱动过程链（EPC），只采用了活动而没有连接元素（如 Petri 网中的库所、YAWL 中的条件、BPMN 中的事件），特别适用于流程挖掘的因果网（C-net），此类模型将在后续涉及时进行更详细的介绍。

4.2.2.2 基于模型的过程分析

在前述的流程模型建立与描述中，我们都只关注于这一系列的过程模型在 BPM 生命周期中的应用，而忽略了事件数据。在本节，我们将会从主流的模型验证和性能分析方法说起，谈一谈此类方法在系统或过程的性能分析（尤其是时间分析）、资源利用、服务水平等领域的应用。

在介绍模型的验证技术之前，我们先引入一个合理流程应当具备的正确性标准，即一个变迁系统是合理的，当且仅当从任意可达状态都能到达结束状态。学界与应用界对流程的合理性问题，都有充分的验证方法与技术，可以通过仿真高效地发现错综复杂的流程模型中可能出现的模型错误。

模型的性能分析是流程挖掘技术应用的另一个子领域，可以为管理者提供管理分析的角度。对于流程的各个性能维度，我们可以定义不同的关键绩效指标（Key Performance Indicator，KPI）。以时间维度为例，可以定义生产时间（lead time），即一个案例从被创建到完成所需的时间；服务时间（service time）指在某一案例上实际的生产工作时间；等待时间（waiting time），即一个案例等待系统内资源可用所花费的时间；同步时间（synchronization time），即一个活动未完全使能，需要等待外部触发或者其他并行分支所需的时间，可能是因为资源未满足需求，也可能是因为只是在等待系统的同步。生产时间可以描述当前系统平均的生产时间，可以从整体上把控流程状态；服务时间可以刻画各个子系统在某个案例上的时间花费总和；等待时间的平均值与方差都是反映系统性能与浪费的重要指标；同步时间则是反映子系统间交互性能的观测角度。在现有流程挖掘分析方法的支持下，上述时间维度的性能指标可以在视窗中轻松选取与查阅。

除了对流程模型与现有流程运作的合理性与性能进行基础性分析，还可以利用流程挖掘成果开展许多管理科学分析。如基于整数规划和马尔科夫过程，对“如果……会怎样”问题进行仿真，并最终评价流程改进方案可行性与效率的持续流程改善方案，这些内容将在后续章节中予以呈现。

虽然许多企业试图使用传统 BI 中各类的仿真工具分析其业务，但大多数都收效甚微，其原因在于现存工具的使用需要很高的入门成本，分析的周期较长，且都是从解决特定流程问题的角度切入的。传统 BI 基于的都是数据库－数据仓库的数据模型，基于 SQL 等查询分析语言，熟练的分析人员可以在几小时或是一天内完成成熟的数据报表制作，具有一定的流程透视深度与时间价值。在查询与分析速度上已显颓势，更是缺乏对流程合规性的主动性检查。而流程分析的工具，是对 BI 技术的发展与补充，持续地、主动地发现问题，并可对新方案进行“短期仿真”，为“此时此地”发生在公司内部的问题提供数据支撑的解决方案。形象地来说，流程挖掘技术为管理者提供了持续、主动发现企业内部问题的“X 光机”工具，以及通过仿真模拟方案实施并评估效果的未来“快捷键”。

4.3 流程挖掘技术的业务价值

在前文，我们对企业管理工具的发展和流程挖掘的技术基础做出了概述，也呈现了流程挖掘解决方案的国外版图。虽然未直接对流程挖掘的价值做系统性的介绍，但相信读者对该技术的应用场景也有了一个粗轮廓的印象。本小节，我们将集中展示企业应用此项技术后的一些常见业务价值，它们都是流程挖掘技术针对不同企业内共性的管理问题所给出的解决方案。因为不同行业中各个企业所面临的外部管理环境和内部管理水平各不相同，这些介绍将起到一个抛砖引玉的作用，帮助我们发现它更大的潜能。

流程挖掘第一类应用是发现。发现技术使用不包括任何先验信息的事件日志生成模型。比如若有足量的事件日志表，利用 α 算法，可以自动生成一个 Petri 网（一种流程的抽象模型），这个 Petri 网能够解释该日志记录的行为。举个例子，我们可以从组织的视角去关注隐藏在日志中的资源信息，比如：人员、系统、角色和机构，以及它们之间的联系，在此基础上可以按照组织职责、角色岗位把相关的事件进行分类对应，可以设置一些预警，或者把这些事件的结果作为组织和角色的评价依据。

在数字化时代，系统基本可以记录全量化的日志数据，它们所存储的生产运作信息并不会如同调研那般被一线生产人员的视野左右，流程的具体运作情况能被真实地、事无巨细地反映出来，让企业的管理精细到任意程度。

从实践的角度来讲，“流程发现”模块是帮助管理者或者流程拥有者更好地把控企业流程的端到端运作情况，实时性、全量化及易用性是它的重要特征。传统的管理方法总是通过 KPI 来捕捉流程运作情况，而流程挖掘技术还致力于通过一线运作的全量化“数字孪生”来帮助各级管理者深挖业务问题。我们在数字化流程管控挑战中提到的“虫瞻”与“鸟瞰”等一系列因为管理视角和管理不全面和滞后的问题，总能通过高效的流程发现方式得到解决。

流程挖掘的第二类应用是合规性。将一个已知的过程模型与它产生的事件日志相比较，可以被用来检查记录在日志中的实际情况是否和模型吻合。从控制流的视角来看，流程挖掘是一个对所有可能路径的良好表达。例如有一个流程模型，模型中说明大于 100 万元的支付订单需要进行两次检查，通过算法，可以快速地对事件日志进行分析，发现这条规则是否被正确地执行。通过这种方法，不仅能做出事后的检查，还能在有条件接入实时日志数据的情况下，为管理者敏捷决策奠定基础。

流程挖掘的第三类应用是改进。利用实际流程运行过程中产生的事件日志来扩展或改进一个已经存在的流程。改进的应用非常广泛，比如流程仿真，可以回答如：“如果删除这个事件那么流程会发生什么变化”“如果将这两个事件调换顺序会对流程整体产生什么样的影响”“如果为一个子流程拓展一条生产线将对整体流程产生何种影响”等一系列问题。一些流程的瓶颈、服务水平、生产周期和频率都可以通过仿真结果给出一个较为精确的估计。这让企业可以轻松比较几项可选改进方案的优劣性，给出精细化的决策指导。另外，对发现的流程进行分析，将辅助管理者科学地识别流程中不经济的运作路径，并评估这些低效路径对业务关键表现指标产生的影响。根据不同的管理诉求，可以针对任意端到端流程呈现多样可选的业务指标，一面是数字孪生，另一面是实时的业务表现。

流程挖掘是一门面向运营流程数据的控制性与发掘性技术，有极强的实践性与针对性。没有一个企业可以照搬另一个企业的流程管理方案，只能在一个大框架中不断地去发掘与改善，流程则在此过程中不断地被打破、重塑。通过从多个视角，反复执行“发现、合规检查、改进”的工作流程，能为企业带来不菲的增效收益。

4.4 流程挖掘技术在国外的应用情况

4.4.1 国外的流程挖掘供应商

流程挖掘技术和应用的兴起都始于国外，Everest Group 在其发布的流程挖掘技术供应商峰值矩阵（2022）中按照供应商的能力水平和市场影响力对国外现有的流程挖掘主要供应商做了梳理，如图 4.5 所示。

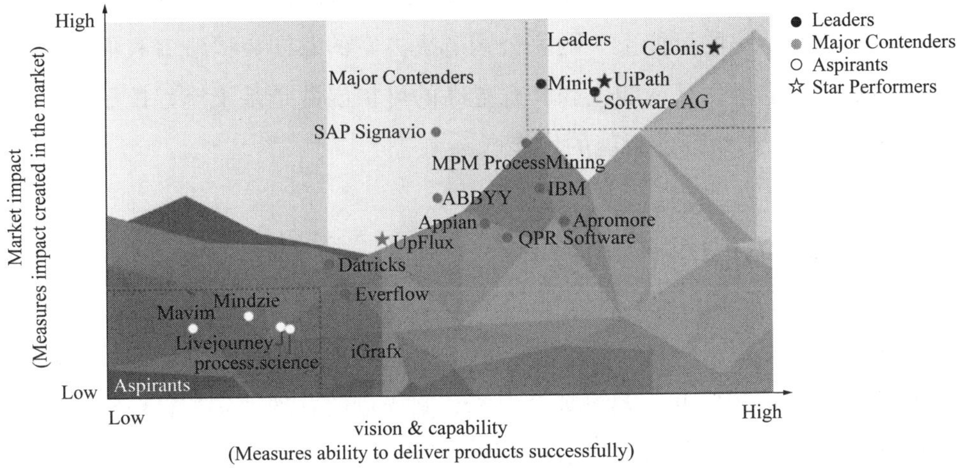

图 4.5 国外领先流程挖掘供应商

可以看到流程挖掘领域的主要供应商有很多，各公司的能力和市场影响力相匹配。其中，Celonis 和 UiPath 是当之无愧的行业翘楚，无论在公司能力还是市场影响力上都有充分的话语权。它们分别是位于德国慕尼黑和美国纽约的流程挖掘解决方案提供企业，在服务顾客类型和产品功能侧重上有所不同。

Celonis 的客户类型涵盖了传统制造、医疗和电信行业，如西门子（SIEMENS AG）、赛诺菲（Sanofi）、沃达丰（Vodafone）等；UiPath 的客户类型主要是银行和制造业，如 Banco Bradesco、Maersk 等。两者的行业布局不同。

此外，两者在流程挖掘的功能侧重点上也有所不同，总体来说，Celonis 和 UiPath 的产品解决方案都可以帮助企业优化业务流程，但 Celonis 的解决方案更注重流程挖掘和智能化技术，而 UiPath 的解决方案则更注重自动化流程挖掘技术。Celonis 认为流程挖掘的目标是帮助企业理解和优化其业务流程。它的解决方案可以帮助企业分析业务流程中的瓶颈、风险和机会，并提供实时的业务流程可视化和预测分析。而 UiPath 认为流程挖掘的目标是帮助企业实现自动化业务流程并提高生产力。它的解决方案可以帮助企业识别和优化重复、繁琐、低价值的业务流程，并通过自动化流程挖掘技术来提高生产力和效率。UiPath 认为，流程挖掘可以帮助企业实现业务流程的自动化和智能化，从而提高企业的生产力和竞争力。

综合两者共同点，很容易发现两者都是致力于提高流程价值的企业，Celonis 的分析着重关注流程中的风险和瓶颈，UiPath 则将更多的精力放在发掘企业流程自动化的可能上。两家公司解决方案的共同点提醒着我们：可视化、自动化、全量化、智能化和具有更高的可扩展性是基于流程挖掘的商业分析方案相较于传统商业智能的优势。

4.4.2 流程挖掘的市场价值

Celonis 是流程挖掘领域的“领头羊”，是一家总部位于德国的流程挖掘软件公司，成立于 2011 年。自其成立以来，它先进的管理理念和管理实践一直为市场所认可，在其发展的历史进程中有口皆碑。

如图 4.6 所示，在创业初期（2011—2013 年）：Celonis 由三位创始人 Alex Rinke、Bastian Nominacher 和 Martin Klenk 于 2011 年在慕尼黑成立。最初，他们专注于为企业提供流程挖掘和分析的咨询服务，帮助客户优化业务流程。这个阶段的重点是建立业务网络和积累专业知识。

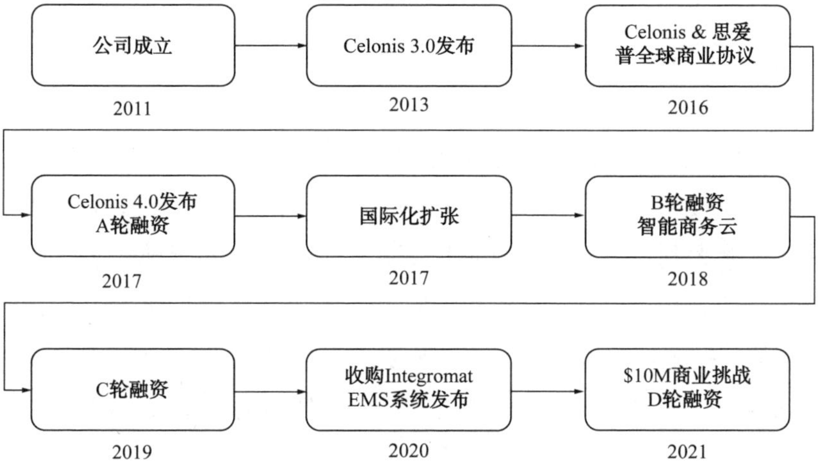

图 4.6　Celonis 发展历程

种子轮融资和软件开发（2013—2014 年）：在种子轮融资后，Celonis 开始转向软件开发，目标是创建一款自动化流程挖掘的软件工具。他们将重点放在开发出一种能够从企业系统中提取和分析大量数据的技术。这个阶段的努力为后来的产品开发奠定了基础。

Pi 分析引擎的推出（2014 年）：在 2014 年，Celonis 推出了他们的核心产品 Pi 分析引擎。这是一种基于大数据和机器学习的流程挖掘解决方案，可以自动从企业的 IT 系统中提取数据，并分析业务流程以发现潜在问题和改进机会。Pi 分析引擎的推出为 Celonis 带来了更多的客户和业务机会。这也加速推进了 Celonis3.0 向 4.0 的演变升级。

融资和估值增长（2015—2021 年）：Celonis 在接下来的几年里进行了多轮融资，吸引了一些知名投资者的关注，如表 4.1 所示。他们的融资轮次包括 A 轮、B 轮、C 轮和 D 轮，融资总额超过了 10 亿美元。这些融资进一步增加了 Celonis 的估值，并使其成为一家独角兽公司。

表 4.1　Celonis 的 ABCD 轮融资历程

轮次	融资时间（年）	交易金额 / 美元	投资方	估值 / 美元
D	2021	10 亿	T.Rowe Price，Durable Capital，Splunk Ventures，富兰克林邓普顿投资基金 Arena Holdings	111 亿
C	2019	2.9 亿	Qualtrics，Arena Holdings，个人投资者，83North，Accel Partners	36.25 亿

续表

轮次	融资时间（年）	交易金额 / 美元	投资方	估值 / 美元
B	2018	5000 万	B3North.Accel Partners	10 亿
A	2016	2750 万	B3North.Accel Partners	—

自此，Celonis 在全球范围内不断扩张，设立了多个办事处，包括美国、英国、荷兰、澳大利亚、日本和新加坡等地。他们与众多全球知名企业建立了合作伙伴关系，包括 SAP、IBM 和 Salesforce 等。这些合作伙伴关系有助于将 Celonis 的流程挖掘技术整合到不同企业的 IT 系统中，并扩大其市场影响力。

Celonis 提供了各种各样的解决方案模板，既有与技术及应用框架相关的，比如 SAP、Oracle 等不同的数据版本、数据接口；也有与行业、业务场景相关的，比如覆盖了财务、采购、合同、物流、仓储管理、排产这些场景，充分降低了企业在这些通用领域应用流程挖掘的门槛。

国外特别是欧洲相对标准化的软件环境、让 Celonis 比较容易通过标准的解决方案模板来推进流程挖掘技术的应用和推广。Celonis 的成功离不开其模板式的应用案例，如采购、财务、合同、物流等，这些企业间通用化的职能和通用化的软件环境以及国外企业对流程的重视，共同促成了它的成功。然而，国内并不具备这样的软件条件，并且在一些专业化的场景中，如与顾客的直接交互流程上存在规范化、高效化的需求。因此这让流程挖掘技术难以在国内推广，这些不规范与多样化的分析需求使得这项技术在国内显得“水土不服”。

第5章 流程挖掘技术在国内的应用实践

在第 4 章中，我们详细介绍了流程挖掘技术的业务价值以及在国外的应用状况，在本章中，我们从比较国内国外的数字化状况入手，提出了流程挖掘技术在国内的应用和推广方法。首先，针对国内的具体情况，提出了在项目实施前开展 PoC 验证，为项目能否实施、实施难度、业务价值提供了重要参考；其次，在项目正式实施过程中，提出了 4D2R1V 七步法来保证流程还原的速度和质量；最后，在流程孪生的基础上，提出了数字化流程管理方法论，来帮助客户通过流程挖掘技术来提升企业的效率和效能，最终实现企业的自动驾驶。

5.1 流程挖掘技术在国内应用中碰到的困难和问题

遍览流程挖掘技术的全球应用现状，Celonis 扎根德国服务于美欧大型企业，为西门子、耐克、惠普等大型企业提供流程挖掘和优化服务，帮助企业发现潜在的瓶颈和改进空间。UiPath 则立足美国，在金融和制造等行业拥有广泛的用户群体，如花旗银行、通用汽车、福特汽车，乃至零售巨头沃尔玛等。它们的客户可谓遍及世界，但唯独在中国，这项技术显得有些“水土不服”，鲜有听闻它在中国企业管理实践中的典型案例。抛开一些数据安全性的考量，究竟是什么阻碍了这项技术在中国的普及？我们将从国内、外企业数字化现状的角度给出答案。

纵观世界管理工具的发展史，企业和社会未曾停止过对更高效管理工具的探索，每一项新技术的出现和普及都离不开现有技术的成熟应用。在 Celonis 和 UiPath 出现之前，海外已然有许多企业管理软件服务提供商，如 SAP 和 Oracle，它们产品的普及极大地提高了单个企业在当时的管理运作效率，其制定和实施的一系列管理规范和数据标准还对整个行业的管理生态良性发展起到了重要作用。它们的管理软件直接为企业内和企业间系统集成的问题、数据分析的问题，以及部分流程优化的问题提供了一整套的解决方案，也是流程挖掘技术实施的重要应用支柱。

这些管理系统的供应商或许没有被人们所熟知，但是他们的客户涵盖了各行各业中的大小企业：世界领先的物流公司 DHL、全球最大的工业自动化企业西门子都是 SAP（思爱普）的客户；而全球最大的零售商沃尔玛、全球最大的半导体公司英特尔、全球最大的快递公司 UPS 则是 Oracle（甲骨文）的客户。全球化的顾客分布使得这两个龙头公司的数据治理体系和软件方案遍及全球，为流程挖掘技术的遍地开花打下了行业基础。

它们实行的主流数据标准，如 XML、X12 等，在企业存储运营数据和分析数据中起到了标准化的作用，极大地降低了一个成功分析方案在企业内不同部门间、在不同企业间的复制难度。不去创造新的管理数据需求，而是就已有的数据规范稍作转换即接入新的感知和分析系统，接轨于转型的便利性不言而喻。对于流程挖掘服务的供应商而言，客户有科学且统一的数据存储方案将极大地提高平台的可复制性，降低开发和应用的成本；对于需要应用流程挖掘的企业而言，需要配合的企业内架构调整与数字化支出也得到了控制。

在企业有统一的数据标准、有较高的数字化水平应用背景下，流程挖掘技术的普及有坚实的技术基础，应用起来也相对顺利。这不仅是技术上的便利，这些技术优势还为企业规避了在流程挖掘方案落地时衍生的一系列管理问题。例如，当企业内数据治理水平不高时，不仅需要新系统的供应商给出改进方案，还需要该企业内部积极配合，然而任何对管理系统的调整都可能对现有业务流程或组织架构产生影响，这就引发了来自企业内部的种种变革阻力，最终这项技术问题会掺杂一系列的管理问题而让企业无从下手。这些问题也正是这项技术要想在国内企业真正实施落地而必须面对和解决的问题。

从国内的视角来看，现代的管理理论体系和管理软件在一定程度上都是舶来品。出于一些安全和本土化的考虑，我们的本土企业鲜有直接与上述管理软件供应商合作的。而在看到一些理念和技术可以复制时，我们自然也希望能在国内迎头赶上，一些对标 SAP 和 Oracle 的本土企业软件供应商（如用友、金蝶等）都给出了一些本土化的企业软件解决方案，但都还在完善中。先抛开解决方案的一体性和系统性不谈，更重要的是它们在软硬件的成熟度上都与海外的企业存在一定差距（尤其是数据产生和存储的规范上的差距），导致这些企业的产品在使用和升级拓展性上存在桎梏。因此中国企业在数据治理水平和数字化进度上与国外环境相比存在一些先天的不同。

根据艾瑞咨询 2023 年 9 月发布的中国流程挖掘行业报告数据，截至 2022 年，流程挖掘应用的市场规模约为 0.5 亿元，处于刚刚起步阶段。了解国内外的应用背景不仅对我们理解这项技术在国内推进困难有帮助，而且有利于思考未来的方向。这和企业应用流程挖掘技术，推进数字化进程的思路一样，都是通过对信息的有效分析“三省吾身”，从对比中预见潜在的问题，梳理比对可行的解决方案。通过本节的研读，读者应当对数字化的国内外的应用基础差距有所了解，并对企业未来的数字化转型方向——基于流程视角和流程挖掘技术的管理体系建立起了初步认知。在本章，我们将会根据中国企业的实际情况，给出流程挖掘技术在国内推广和应用的方法。

5.2 流程挖掘项目启动前的验证准备方法

针对国内的具体情况，为了保证项目的可行性，我们首先应该进行验证准备工作，即概念验证（Proof of Concept，PoC）。在技术和业务领域中，PoC 是指通过构建一个原型或小规模的实验来验证某个概念、技术或解决方案的可行性和有效性的先导性工作。这种验证通常用于评估新的创意、技术或业务模型，并确定它们是否具备实施的潜力。

在 PoC 过程中，通常会开发一个简化的原型或模型，用于测试和展示概念的关键功能和特性。通过实际实施和测试，可以收集数据和反馈，评估概念的可行性、性能和可靠性。

PoC 概念验证的目的是降低风险并提供决策依据。通过验证概念的可行性，可以确定是否值得进一步投资和发展。PoC 可以帮助决策者评估概念的优劣，发现潜在问题并调整计划。通常，PoC 概念验证是一个相对较短的项目，以迅速验证概念的可行性为目标。如果 PoC 成功，可以进一步推进项目并进行更大规模的实施；如果 PoC 失败，可以及早发现问题并避免不必要的资源投入。

具体到流程挖掘上来讲，PoC 的验证目标锚定在三个方面，具体如下：

1. 能力验证。通过少量离线流程数据，验证流程挖掘在流程可视、流程分析挖掘、流程指标、流程一致性等方面的能力。

2. 业务验证。为了回答这些能力是否匹配现有业务需求，是否可以切实解决管理痛点的问题。我们结合业务部门关注点，通过离线的数据平台，验证技术的产出是否满足流程治理业务需求。

3. 建设思路验证。如果发现技术能很好地解决上述问题，那么 PoC 的主要目标就转化为了为流程挖掘的企业级应用实践探路。在建设思路验证的指导下，我们将着重关注研究流程挖掘技术如何循序渐进地接入公司，它的优势又在哪里（即传统技术很难实现，而流程挖掘技术很容易实现），如何利用流程挖掘技术解决当前痛点问题，完善流程治理支撑体系这一系列问题。

5.3 流程挖掘技术应用推进方法

经过 PoC 我们已经初步验证了在特定的业务场景和特定的数据情况下，流程挖掘技术的可行性和业务价值，可行性和实用性的保障让我们更有底气去将业务推进到底。然而仅有这样的一腔热血还不够，毕竟在确定场景下的 PoC 验证和将一个全新的系统嵌入公司的运作和日常管理工作中去，并使其发挥应有的作用的工作量是不对等的。

在搭建流程挖掘平台时，除了要考虑工作量和技术细节上的问题，还需要了解业务，知道在管理中需要关注的重点。这是因为，搭建起流程挖掘平台只是开启流程导向管理的一段序奏，技术终究是服务于管理和应用的。因此，为了场景的普适性和应用的广泛性，我们通过实践，创造性地提出了 4D2R1V 七步法，来指引如何开展推进工作，4D2R1V 七步法分别包含识别流程（Discover）、业务调研（Research）、系统调研（Research）、数据采集（Data）、流程描述（Describe）、流程还原（Digitize）和流程验证（Verify）等七个步骤。

5.3.1 识别流程

无论是何种平台的应用，识别需要服务的流程都是项目开始的基础。它主要囊括了确定目标、确定流程、确定边界、识别架构、识别用户等五个方面。

1. 确定目标。与客户沟通，共同制定项目目标（项目预期业务成效、需满足的指标等）。

项目预期业务成效，例如：（1）销售目标；（2）提升末梢营销执行力，如产品政策确定后，厅店 1 月内破零率达到 XX%；（3）内部生产降本增效，如通过 RPA 自动化，减少运营人员 X%；（4）持续对流程执行情况进行漏斗分析，如转化率提升 X%，通过对弃单的挽回增产 X%；（5）持续对流程各环节及流程整体历时进行监控和分析，如订单开通时长压缩 X%；（6）持续对流程中的差错及返工情况进行分析，如减少返工和差错，一次成功率达到 X%。（上述 X% 和 XX% 代表不确定的百分比数值）

2. 确定流程。初步与客户确定交付物的主要应用场景，并按两个标准来确定场景和一级业务流程：（1）必要性，要选择价值最大、最易体现项目效果和客户痛点的业务流程；（2）可行性，流程数据可被获取。基于确定的一级流程绘制流程图，描述现状（当前问题）、主要痛点、业务场景的具体目标等。

3. 确定边界。识别流程的起始点和终止点。例如图 5.1 所示的新销售品推广流程。起始点为制定销售品政策，终点为装维交付。

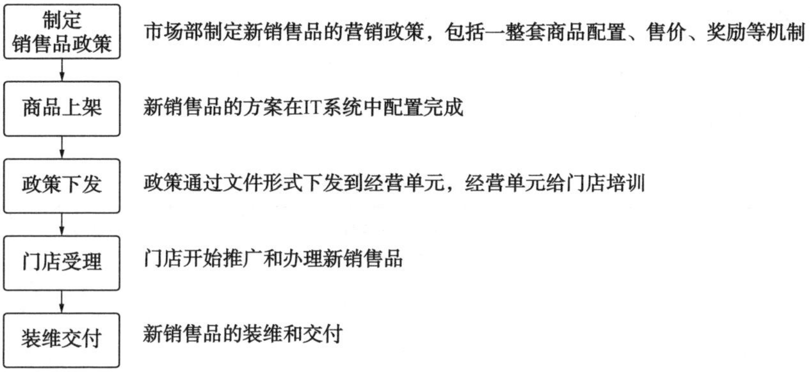

图 5.1　新销售品推广流程

4. 识别架构即识别客户的业务架构是什么。绘制业务架构图包括：投入——需求、信息、原材料等；转换过程——服务运营、制造运营；产出——满足需求、有形产品。例如图 5.2 所示业务架构：投入为顾客的需求，产出为满足顾客需求的服务与产品，中间要通过开始—门店—下单—完成这四步骤的转化，经历市场部、渠道部和网运部三个负责部门，受到产品竞争力、门店推荐服务和流程运营三个主要因素的影响。

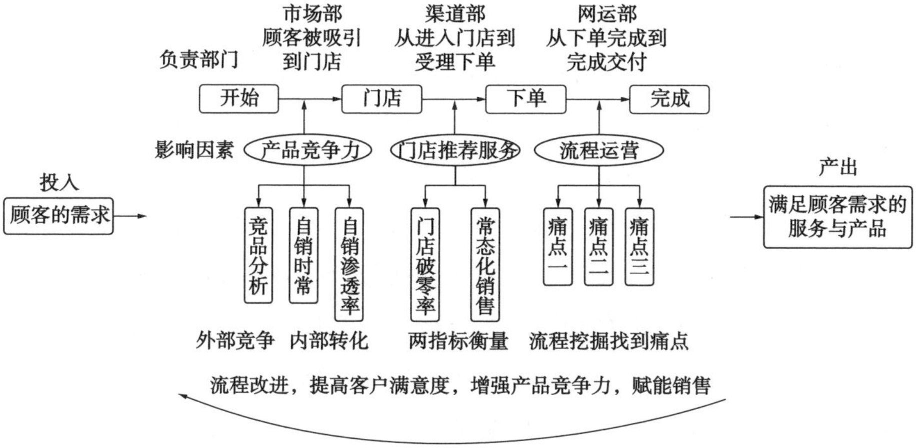

图 5.2　业务架构

5. 识别用户的工作简言之就是通过与客户访谈，绘制客户组织架构图，并识别计划搭建的工作台最直接的用户，制作工作台用户表。识别用户也可理解为确定调研对象，具体为绘制项目背景下的组织框架结构图并对应业务场景、基于组织框架图找到对应流程的目标客户。这里，需要了解业务组织框架结构图包括:（1）项目的组织架构;（2）业务流程的主要负责人，且要找到直接负责人对接。

工作台用户示例如表 5.1 所示。

表 5.1　工作台用户示例

工作台名称	工作最直接的责任人	归属部门
宽带主任工作台	李 **（主任）	宽带业务部
宽带主管工作台	宫 *（主管）	宽带业务部
宽带客服工作台	黄 **（客服）	宽带业务部

5.3.2　业务调研

在初步完成了流程的相关识别和定义后，继续深入业务层面开展调研也很有必要。这是进一步理解客户管理诉求和挖掘系统潜力的重要手段。它主要包括了文档调研、实况调研、痛点分析、关键指标确定等四个方面。

1. 文档调研的定义是业务调研人员对客户现有的最新文档进行调研，包括:（1）与项目相关的组织框架图、项目目标、政策文件等;（2）与产品相关的产品经理需求文档（PRD)、需求文档（产品功能逻辑描述)、使用手册（产品使用流程)、竞品分析文档等;（3）与业务相关的业务流程图、工作手册等;（4）与 IT 相关的测试文档、业务数据描述文档等。

2. 实况调研往往需要解决如下内容：首先，确定具体的调研岗位，基于确定的流程及用户，确定随工的一线工作岗位及时间；其次，派工作人员到相应的一线工作岗位进行领岗实习，充分了解客户的实际业务流程。实现以下几点目标。（1）确定实际工作流程与业务工作手册是否一致;（2）充分熟悉一线工作业务的详细流程，并绘制流程图;（3）通过体验关键一线业务流程找到相关的顾客痛点（服务质量不高等问题)。

3. 痛点分析的具体内涵包括：首先，与相关业务的直接负责人进行调研访谈，访谈提问问题如下。（1）在日常工作过程中看什么数据？（2）怎么看数据？（3）做什么决策？（4）怎么做决策？访谈结束后将访谈报告反馈给客户。其次，调研了解（1）流程痛点;（2）客户的痛点;（3）顾客的痛点。

最后对整体业务流程进行痛点分析，并绘制对应业务的流程图。

4. 关键指标的确定包括：与客户讨论确定客户关注的关键指标及相关联的流程步骤。

针对业务的调研主要是服务于定指标和定事件，是在流程挖掘软件的产品设计上，弥合普遍存在的技术与应用差距的重要步骤。经过业务调研，流程挖掘软件的供应商应该对企业业务的基本运作和大致痛点有了较为全面的认知，对公司业务端的管理诉求，如希望关注哪些重要的事件和需要监测哪些方面的业务指标，有了明确的认知。但这些事件和指标是否能得到良好的提取和可视化呈现还需要结合系统来看，因此我们还需要落到系统实际中进行，去系统调研。

5.3.3　系统调研

系统调研是紧接着业务调研的工序，它需要明确当前企业运作中有什么系统、系统的业务关联、如何开展数据调研、数据存储地点和提取方式五项内容。

系统调研服务于数据采集和流程描述等步骤。通过系统调研，我们需要将企业中的信息系统和业务联系起来，从业务流程的事件和维度的角度来明确需要系统提供什么数据，有什么数据在哪个系统，该如何采集的问题。

5.3.4　数据采集

进行数据采集和导入是初始化平台的第一步，在这一步中数据需求方和对应的公司部门需要做好良好的沟通。其基本步骤包括：提出明确的数据需求、数据清洗与预处理、数据处理三步。

1. 明确数据需求：（1）确定事件，根据业务调研和系统调研的报告，推导关键指标的事件数据需求；（2）确定维度，推导关键指标的维度数据需求；（3）事件数据，根据数据需求和现有指标计算方式，寻找时间数据，生成业务流事件数据需求；（4）需求确认，与客户的业务部门和 IT 部门共同确认以上数据需求的真实性。重点指标环节流程模型 – 事件分解示例如图 5.3 所示。

重点指标关键环节流程模型——分解										
事件名称 (对应流程图的每个环节)	设置目的 (1.指标计算; 2.丰富流程; 3.案例演示)	对应指标 (该环节参与哪个指标的计算，可参与多个指标)	指标提出人	环节数据来源系统	数据来源责任人	环节是否能直接从日志数据中提取	对应日志标识(若能直接提取填写此信息)	数据加工方式(若不能直接提取填写)	是否需要提进一步数据需求
宽带_OSS订单同步	1	顺利安装订单量及占比	曾可	服开	王彬				

图 5.3　重点指标环节流程模型－事件分解示例

重点指标关键环节流程模型－指标分解示例如图 5.4 所示。

指标名称	对应工作台	指标业务口径	指标提出人	基于事件的计算方法	下钻所需维度信息
顺利安装成功订单量及占比	装维	非卡单、改址、转待装、退单、改约的订单数	曾可	【订单报竣】/【宽带_OSS订单同步】	日期、产品、分公司、区县、渠道类型(一二三级)

图 5.4　重点指标关键环节流程模型－指标分解示例

数据需求文档如图 5.5 所示。

数据需求文档								
数据提取的目的：								
数据提取时间范围：								
数据提取业务范围：								
新增数据需求：								
系统	字段编码	字段名称	业务情况描述(对应客户原始文档)	数据字段释义(相关枚举解释)	对应DWD日志表字段类型(1.流程四要素; 2.事件通用属性; 3.事件关联属性)	对应DWD日志表字段	设置该DWD日志表字段的目的	负责人
CRM	cust_order_nbr	客户订单编码			1			

图 5.5　数据需求文档

2. 数据清洗与预处理：（1）数据筛选，根据流程模型来过滤数据的细粒度，确定数据量（数据的时间周期）和数据字段要素；（2）清洗并转换为最能代表真实流程的事件数据，清洗掉不完整的或者不相关的噪音数据；（3）把非结构化数据转化为流程模型输入的事件标准数据。

3. 数据处理：（1）确定取数规则，根据已确认的事件从原始日志表里找到事件数据，确认提取数据规则；（2）校验取数规则，取出样例数据，根据指标计算口径、案例数目等维度进行取数规则的校验；（3）写入数据仓库层（DWD），根据业务需要通过技术手段将确定的步骤数据从数据引入层（ODS）抽取到 DWD 层。

5.3.5 流程描述

流程描述就是要明确流程中时间窗、流程能力、流程功效、流程时间、流程质量、流程路径、流程目标等七个子维度的问题。

1. 时间窗：根据调研要描述哪个时间段的流程，回答是否有必要将流程聚焦到特定的时间窗口的问题。

2. 流程能力：根据客户提供的资料描述各个流程在单位时间的理论产出水平，作为流程的运作参考。

3. 流程功效：通过客户提供资料、访谈及实地调研等方法获取流程实际功效相关信息和可以描述这些信息的指标，从而描述各个流程在单位时间的实际产出水平。

4. 流程时间：根据现有资料和数据，描述流程增值活动时间、等待时间及流程周期时间，并将相应的指标体系写入平台。

5. 流程质量：根据现有资料和数据，描述产品质量（缺陷率）、交付质量（及时交付率、交付周期时间方差）、服务质量（客户满意度评分）。

6. 流程路径：通过现有资料学习、访谈及领岗实习经验，描述真实的业务流程路径。

7. 流程目标：根据客户现有的关键指标预期目标或现有数据（同比 / 环比）的计算，描述出目前的业务流程目标。

5.3.6 流程还原

流程还原是用流程对应的理论建模还原物理流程的重要步骤，是流程挖掘平台可视化的基础，即完成现有流程的数字化孪生，它主要需要完成以下工作。

1. 确定步骤，即确定还原哪些流程环节和还原的颗粒度。其中，确定选择的标准为:（1）业务逻辑里面的必要步骤;（2）高频访问的步骤;（3）与业务指标高度相关的步骤;（4）流入和流出有很多类型的步骤。根据标准选择具体步骤:（1）一级流程;（2）二级流程。最后，和客户反馈确定最终还原步骤。

2. 部署平台。（1）确定部署方案：和客户访谈，根据客户处资源情况，确定 PoC 环境部署方案;（2）申请相应资源：包括部署的服务器资源、日志数据访问权限、VPN 账号（虚拟专用网络账号）等;（3）部署流程挖掘平台：获得最新版产品部署包，将产品部署到相应的服务器。

3. 导入数据。（1）导入事件流日志：编写脚本 / 程序（如需），根据上一阶段确定的处理规则，导入最近一个月的事件日志进流程挖掘平台，配置关键步骤;（2）确定事件流数据能真实还原业务流程;（3）接入实时数据:（a）和客户沟通协调，确定实时数据对接方案;（b）确定数据，获取数据权限;（c）搭建实时数据处理的平台和系统;（d）根据离线数据处理规则给出实时数据处理的技术文档，主要包括处理什么数据，达成什么样的目的，输出什么的结果;（e）文档审核通过之后根据离线数据清洗的规则，处理实时数据。

5.3.7 流程验证

流程验证是不可缺少的一个步骤，图 5.6 描述了一致性检验的必要性。

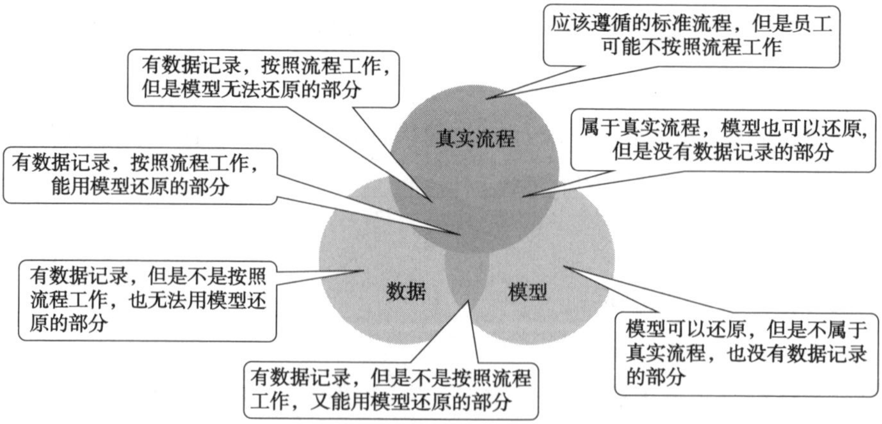

图 5.6　流程验证示意图

简而言之，数据、模型和真实流程之间会有一些无法重合的部分，比如：应该遵循的标准流程，但是员工可能不按照流程工作；属于真实流程，模型也可以还原，但是没有数据记录的部分；模型可以还原，但是不属于真实流程，也没有数据记录的部分；有数据记录，但是不是按照流程工作，又能用模型还原的部分；有数据记录，但是不是按照流程工作，也无法用模型还原的部分；有数据记录，按照流程工作，但是模型无法还原的部分等情况。只有满足有数据记录、按照流程工作、能用模型还原的部分，才能够完成一致性检验。因此，这三个方面的相互验证，在流程挖掘中非常重要和必要。

接着，本文将简单介绍流程验证的步骤业务匹配、流程回放、偏差分析、信息价值。

1. 业务匹配是为验证还原的流程与真实业务是否匹配，即基于业务的应用规则约束设计算法验证全局流程的正确性。采用的方法如下：（1）对功能模块流程做结构正确性验证分析，可以从时间约束（包括持续时间、周期时间、固定时间）、依赖关系、柔性变化维度进行分析；（2）评估匹配的准确性，找出不匹配之处，得出结论；（3）和客户沟通讨论，并做出修改，形成反馈。

2. 流程回放即为验证还原的流程是否在真实流程中存在，是否可以被还原，路径的顺序是否准确。采用的方法如下。（1）计算四个指标：拟合性、通用性、简约性、精确性；（2）和直接客户遍历流程，分为一级流程、二级流程，检验流程是否存在，是否可以被还原，顺序包括流向、约束、循环、分支的准确性；（3）评估准确性，找出路径错误点，得出结论；（4）和客户沟通讨论，并作出修改，形成反馈。

3. 偏差分析即为验证衡量流程表现的方法（关键指标）有没有偏差，是否准确，是否能代表真实事件。采用的方法如下：（1）和客户沟通，检验在对指标名称、计算方式、对应平台、下钻维度的理解上的一致性；（2）检验选择指标的必要性和全面性，即反映客户关注的事件和信息；（3）检验指标异常情况，包括异常的符号、大小或者缺失值；（4）针对问题和客户沟通，达成一致，作出修改。

4. 信息价值是流程验证的最终目标，即通过验证流程的正确性和准确性，获取有意义的信息，为企业决策提供支持。在信息价值的分析过程中，可以采用以下方法。（1）定义关键指标：根据客户需求和业务目标，确定需要关注和评估的关键指标。这些指标可以包括效率、质量、成本等方面，以及其他与业务相关的指标。（2）初步分析与比对：通过对验证结果进行数据分析，可以获取各个指标在流程中的表现情况。可以采用统计分析、数据挖掘等方法，发现潜在的规律和趋势。（3）解读与评估：将数据分析的结果进行解读和评估，判断流程的表现是否符合预期，并提供相应的建议和改进措施。同时，还可以通过与客户的沟通和讨论，了解客户对信息的需求，进一步提升信息的价值。（4）报告和反馈：将信息的分析结果整理成报告，向客户提供详尽的分析结果和建议。在报告中可以包括验证过程的总结、关键指标的表现情况、数据分析结果以及对流程改进的建议。同时，也可以接收客户的反馈和意见，以进一步完善流程验证工作。

通过业务匹配、流程回放、偏差分析和信息价值四个部分的流程验证，可以确保流程的正确性和准确性，并为企业提供有意义的信息，支持决策和改进工作。这将对企业的运营效率和业务发展起到积极的促进作用。

5.4 数字化流程管理方法论

流程数字化后，对数字化后的流程管理仍然处于原始阶段，前面章节有详细描述，在此不再赘述。为了提高数字化流程的效率，让流程更好地服务于企业，我们针对数字化流程，归纳提炼出流程数智化管理方法论，该方法论如图 5.7 所示。

该方法论分为五层，自下至上为产品和系统层、数字化分析层、数智化产品层、应用场景层、用户层。

产品和系统层：这一层是企业数字化转型的结果，企业的产品、服务、管理和支撑工作都已经被固化在系统中，也就是说，用户层的组织和岗位人员通过在系统或平台来完成自己的工作，并通过多个系统、多个平台协同自动转至下一步，形成流程在系统中自动流转。这一层是流程数智化管理的基础，若没有企业的数字化，就不可能有流程的数智化。

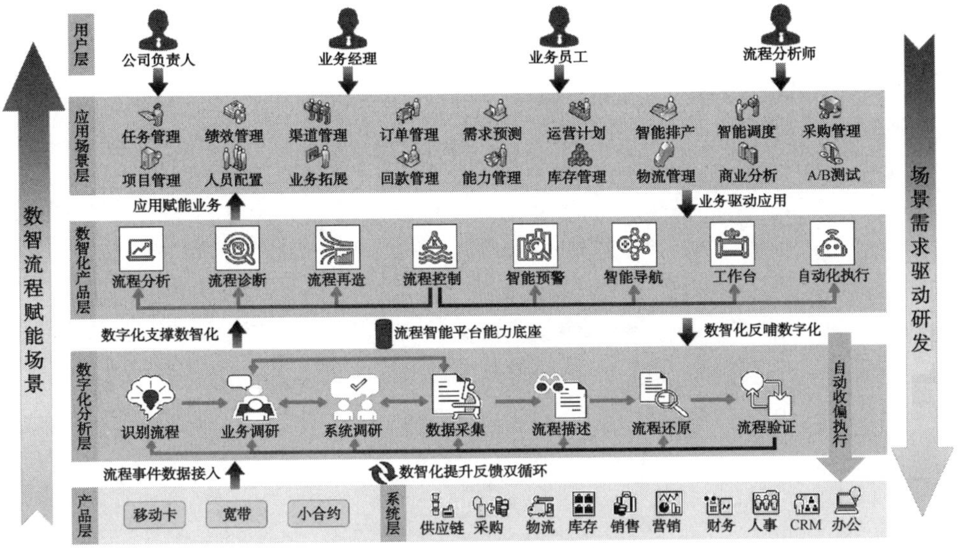

图 5.7 流程数智化管理框架

数字化分析层：在这一层实现将隐藏在系统和平台中的流程真实还原出来。企业的流程很多，而且相互交织，互相关联，那么我们采用 4D2R1V 七步法来对企业的流程进行梳理，按照重要程度、紧急程度、数据可用度等维度进行评估后，次第进行还原。

数智化产品层：在数字化分析层，将数字化的流程可视化出来，并且可以按照控制流、组织、案例、时间等视角进行准实时可视，在此基础上，我们来进行流程分析、流程诊断、流程再造、流程控制、智能预警、智能导航等，这些是后续章节阐述的重点。

应用场景层：数智化产品层可以向多种业务场景赋能，包括任务管理、绩效管理、项目管理、智能调度、采购管理等赋能，而应用场景可以驱动整个数智化产品层的使用和完善。

用户层：该层是整个数智化流程管理方法论的使用和推动者，也是方法论的服务对象，上至对应流程的公司负责人、业务经理，下达业务员工。另外，很多企业内设专门的部门，部门内设专职的流程分析师，负责跨部门流程的协调和运营，确保整个公司流程的效率，整个方法论为专职的流程分析师提供了专业化的分析工具和高度精确的流程原始数据。

第6章

数字化的流程分析

在第 5 章中，作者给出了数字化流程管理方法论，该方法论分为五层，其中数智化产品层是关键。也就是说，数智化产品层是流程挖掘技术能否被企业接受并应用的关键，因此，我们在第 6~9 章中持续对数智化产品层进行探讨和说明。

其中在本章，我们将从对象、目标、方法工具等角度对流程分析的框架予以呈现。涉及分析工作，首先需要确立的便是分析的标的（对象）与目标，其次才是选取合适的分析方法，并进行服务于目标的分析。而在分析的对象与目标确立的优先级上，我们认为分析对象的确立应该排在更前列。企业往往都是先意识到某项业务流程存在问题，为探索问题根因，再制定分析目标；或是认为某项业务有进一步提升空间，进而开展探索性分析。无论是在实践中还是在逻辑上，商业流程分析大体都需要依照先确定分析对象、再确立分析目标、而后选取合适的分析方法这样一个操作链条开展工作。

分析对象

让我们先聚焦于商业流程分析的对象层面。商业流程分析的对象主要有两个层面的含义或属性。在分析流程中，分析对象往往是一系列的视角或指标，它们是在实际业务中抽象出来描述流程运作与产出情况的数字表达。传统运营管理的分析框架（Cecil C. B，Robert B. H 著，运营与供应链管理，2014）如图 6.1 所示。

质量	时间	成本	柔性	其他指标
运行质量	交货速度	劳动力成本	产品组合柔性	生产率
一致性质量	交货可靠性	物料成本	转换柔性	效率
可靠性质量	新产品开发时间	设计成本	数量柔性	周期时间
/	/	质量相关成本	/	价值增值时间比率

图 6.1　传统运营管理的分析框架

该分析框架将上述指标体系按照其业务属性划分为：质量、时间、成本、柔性等多个维度。质量指标是刻画流程产出能够满足流程内外部需求程度的指标，例如：产出产品的性能水平如何？产品能在多大程度上满足标注水平，可靠性如何？柔性指标则是流程在应对内外部非常规事件冲击时，保持流程功能正常运作能力的指标。这两个运营管理视角下的分析维度也正是流程挖掘技术所擅长的“控制流”视角，它们的关注点都是流程运作的一致性与可靠性。时间指标则是刻画顾客的等待或流程运作时间的指标，例如平均多久能交货、最迟多久能交货等，它也对应着流程挖掘分析工具的时间维度。而成本指标则是事关企业内部开销的一系列指标，如人力成本、物料成本、设计开发成本等，它刻画了公司内资源的分配情况。在运营分析的框架中，这四个维度的指标间存在着相互的制约，企业总需要在这几项指标表现中予以平衡，例如在确定交货时间、流程柔性的条件下，企业提高产品质量的常规途径即是提高成本投入。

第二个是业务层面的含义，商业流程分析对象一定是组织内某业务流程中的一个子集或是一个超集，它强调了管理者所关注的关键指标的业务范围。例如，同样是价值增值时间比率，既可以是确定的业务部门执行某项目的价值增值时间比率，也可以是该业务部门整体的价值增值时间比率。前者是考核该团队在确定项目中运作情况的重要指标，后者则是衡量该团队整体运作情况的必要参考，结合起来可以得出该团队在某项目中的运作情况。分析对象的业务含义与我们对流程的分类大体是一致的，我们在此不做赘述。

分析对象的确定既需要理论上的指导，又离不开技术层面的支持。相信通过现有的业务软件系统，大多数企业可以从各样的系统中剥离出描述质量、时间、成本、柔性的指标，再通过一系列繁琐的数据处理也可以按照需要的组织级别编写出季报或者年报，但在报告的及时性和所花费的人力上总有不尽如人意的地方。现有的流程挖掘系统通过前期的流程识别和业务调研过程，总能接入必要的数据资源和分析需求，建成一站式的管控平台。集约化的数据接入和分析模板可以让使用者通过图形化的点选操作，轻松获取任何组织层级视角下的“质量、成本、时间、柔性”等流程表现指标。

分析目标和方法

在确立好分析的对象后，紧接着的工作即为确定分析的目标和方法。商业流程分析是一个多目标的流程控制性工作，可以是识别现有流程的问题与机会，也可以是发掘组织内已有的最佳实践，还可以是对流程运作进行控制与改善，但最终目标都是将流程引向更低成本、更高效、更好地服务于顾客需求的实践方式。对于不同的分析对象和背景公司可以设定不同的分析目标。例如在业务的增长期，占据市场是公司的首要目标时，流程分析的目标可以被设定为发现公司内最好的市场扩张实践，而发现成本浪费的分析性工作可以在此稍作搁置。当公司的业务稳定后，找到流程中的低效、风险问题，从而降低成本，进一步提高服务质量便可能上升为主要的分析目标。综上所述，商业流程分析的目标是随着企业目标调整而动态变化的，需要管理者对公司的发展情况有一个恰当把握后做出决断。服务于分析目标的分析方法也应该是具有一定针对性和保持动态变化的，我们根据其服务的目标不同将传统的流程分析方法与工具陈列于图 6.2 中。

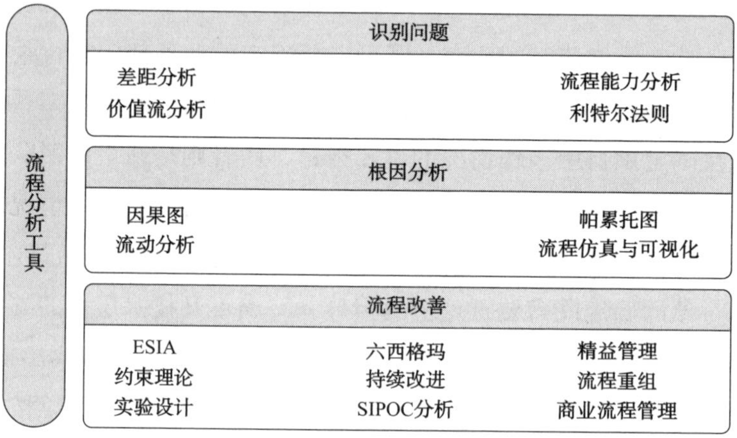

图 6.2　流程分析工具

常见的识别管理问题的工具包括差距分析、流程能力分析、价值流分析和利特尔法则。这些工具都是用于识别和分析业务流程中存在的问题，从而帮助管理者寻找解决方案。差距分析是将当前业务流程的实际情况与预期或横向情况进行比较，识别业务流程中存在的差距。该工具的优点是易于操作，能够帮助管理者快速定位问题。流程能力分析是评估业务流程的能力及可靠性，以确定哪些因素在业务流程中发挥作用。该工具能够帮助管理者了解业务流程的强点和弱点，以便进行进一步的改进。价值流分析是识别业务流程中存在的浪费和不必要的活动，并采取措施消除它们。该工具能够帮助管理者优化业务流程，提高效率和质量。利特尔法则是分析业务流程中的瓶颈和制约因素，以确定哪些因素对整个流程具有最大的影响。该工具能够帮助管理者确定优先解决的问题，以实现最大的效益。这些工具在不同的情况下都能发挥作用，具有各自的特点和优势。管理者需要根据实际情况选择合适的工具，以便更好地识别问题并制定解决方案。

根因分析工具可以帮助分析流程中出现问题的原因，并确定可行的解决方案。因果图是一种直观的工具，通过图形化的表示方式可以展现各种因素之间的因果关系，来分析问题的根本原因。可以帮助用户识别问题，并找出解决问题的方案。帕累托图是一种可视化工具，通过将问题按照其出现的频率排序并用条形图表示，帮助用户识别导致问题的主要原因。通过解决这些主要原因，可以显著减少问题的出现频率。流动分析是一种可以帮助用户识别流程中瓶颈、浪费和低效率区域的工具。通过流程图和数据分析，可以发现问题所在并提供改进方案。流程仿真与可视化可以帮助用户在虚拟环境中模拟和分析业务流程，找出可能导致问题的根本原因。这些工具还可以帮助用户设计和测试各种流程变化和改进，并且都可以帮助用户识别问题的根本原因，但使用的方法和侧重点略有不同。因此，在具体使用时，需要根据具体的问题和情况来选择合适的工具。

而至于提到的流程改善工具，根据不同的应用场景也有丰富的选择。ESIA（Enterprise System Integration Architecture）是企业系统集成架构，它是一种系统级的方法论，包含企业战略规划、业务流程重组、组织架构设计和信息技术基础设施等方面。ESIA 的主要目标是优化企业系统集成，提高业务流程的效率和质量，降低成本。六西格玛（Six Sigma）是一种通过精细的流程管理来改进业务绩效和减少缺陷的方法。它利用数据和统计分析来识别和消除业务过程中的变异和浪费，从而提高产品和服务的质量和可靠性。精益管理（Lean Management）是一种通过优化价值流和消除浪费来提高企业绩效的方法。它强调通过对业务流程进行不断改进，实现业务流程的流畅性和高效性，减少不必要的工作和资源浪费，提高客户满意度和企业竞争力。约束理论（Theory of Constraints）是一种通过识别并消除制约因素来提高业务流程效率和绩效的方法。它认为企业流程的瓶颈或制约因素是影响业务流程效率和绩效的主要因素，通过集中精力解决瓶颈问题来实现流程改善和绩效提升。

与其他传统的运营管理分析框架和BPM理论分析框架相比，本书根据业务实践在这两者的基础上做了些加减法。基于流程挖掘技术的特点，本书增加了路径分析、案例分析、团队分析、资源分析、风险分析。此外，运营分析增加了数量维度和产品这一视角（包括转化率、订单量及订单质量），并将运行质量进一步细分为流程质量、流程流转质量、流程执行质量，减少了成本维度和产品生产这两方面的视角，具体见表6.1。

表6.1　本书分析框架与其他分析框架对比

本书分析框架	流程运营分析	路径分析	路径描述性分析	路径数量、路径步骤、路径耗时、路径相似度
			路径网络分析	分叉路经、返工路径、低效路径、归集路径
			典型路径分析	案例数多路径、步骤数多路径、耗时长路径、路径标记
		流程分析	数量	转化率、订单量
			质量	服务质量（等待时间、顾客满意度、及时率）、订单质量、流程质量（价值增值时间比率、流程规范性）、流程执行质量、流程流转质量
			时间	流程时间
			柔性	流程柔性
		案例分析	订单特征分析	用户、流程、时间、空间
	团队分析	团队间执行效率分析、同岗人员执行效率分析		
	资源分析	节点流量分析、瓶颈分析、线平衡分析		
	风险分析	系统卡顿分析、一致性分析、合规性分析		

传统运营管理分析框架					BPM理论分析框架		
质量	**时间**	**成本**	**柔性**	**其他指标**	**时间**	**质量**	**成本**
运行质量	交货速度	劳动力成本	产品组合柔性	生产率	增值活动时间	产品质量	增值活动成本
一致性质量	交货可靠性	物料成本	转换柔性	效率	等待时间	顾客满意度	浪费成本
可靠性质量	新产品开发时间	设计成本	数量柔性	周期时间	周期时间	交付质量	流程成本
—	—	质量相关成本	—	价值增值时间比率	价值增值时间比率	—	—

资料来源：1. Cecil .B，Robert B.H 著，运营与供应链管理，2014。

2. Marlon Dumas，Marcello La Rosa，Jan Mendling，Hajo 著，Fundamentals of Business Process Management，2018。

6.1 路径分析

通过对前面章节的阅读，相信读者已经意识到业务的设计规范，即“业务流程”和业务的运作情况，即“业务路径”存在着差异。在企业实际运营过程中，流程是不断迭代、长期优化的结果，流程往往散落在各种文件和制度中，十分零碎、重叠、繁多、杂乱，随着流程设计者、系统开发者的变更，没有人能真正弄明白流程的来龙去脉，也无法了解流程的运营状况，流程被湮没在人机协同的作业体系中，也因为一线的执行情况与流程最初的设计存在差异，使得业务的实际执行情况愈加复杂，路径的管控与分析诉求由此产生。

6.1.1 什么是路径分析

我们先从路径分析的目的、内容、功能上简单理解下这项技术的应用场景，如表 6.2 所示。

表 6.2 路径分析框架

分析目的	分析内容	
1. 自动路径分类识别	路径描述性分析 （识别流程问题）	（1）路径数量统计分析 （2）路径步骤统计分析 （3）路径耗时统计分析 （4）路径相似度分析
2. 实时识别流程问题，助力敏捷决策	路径网络分析 （流程问题诊断）	（1）分叉路径分析 （2）返工路径分析 （3）低效路径分析 （4）归集路径分析
3. 流程问题智能诊断，预防潜在风险	典型路径分析 （流程问题诊断）	（1）案例数多路径分析 （2）步骤数多路径分析 （3）耗时长路径分析 （4）路径分类识别分析

路径分析主要从控制流的角度对业务执行过程进行分析，对执行时间长、效率低的路径予以及时标注与呈现，最终从控制流的角度实现流程问题的智能诊断，预防可能的风险。

我们可以通过一些路径角度的综合性指标对现有的流程执行情况予以初步的监控，即展开路径描述性分析，在路径的数量管控中我们呈现了常用的路径指标的理论含义及一些使用方法，包括路径指数和步骤指数，以及路径相似度指数等。在路径的结构管控中，我们着重介绍了路径分类的依据，对不同类别路径的管理方案提出了见解。不仅如此，读者还能通过本节对路径分析可以做什么，可以解决什么有所了解。

业务路径与业务流程

理想情况下，业务流程的设计将考虑到所有的业务路径，然而随着市场环境与需求的变化为应对前者不完备而进行的修正总会发生，使得流程中出现各式各样未被记录的业务路径。单凭指导性的业务流程图，管理者已经无法准确把握企业现如今的业务状况。两者的脱节使得管理者在单看现有的成本、周转、时间数据时，综合的数据或许仍可以督促问题环节得到一定程度上的解决，但难以直接对一线进行点对点的快速指导。于是管理者迫切地希望能从“鸟瞰”出发，快速在大方向上发现问题，又能很快地深入一线，了解现场运作，以应对快速变化的市场。要做到这些，首先需要认识到业务路径与业务流程的区别，才能从流程角度整治不规范的业务执行进而带来业务增长。现如今的 BI 工具都可以较好地展现业务流程的关键综合指标，然而无论是选取的数据抑或是建立的模型都缺乏对业务路径的刻画。流程挖掘对现有流程执行的“数字孪生”弥补了这一空白，并在此基础上对路径的数目、结构进行管控和分析，使得管理者不仅可以通过可视化的数字孪生身临一线，还可以用活流程数据，精准把握哪些流程值得改动，最终通过这些分析，流程挖掘可以为熟练使用的管理者搭建起“数据 – 业务桥梁”，实现其业务价值。

6.1.2　路径描述与管控

本节我们聚焦于路径分析的方法体系和基本的实操方案，向读者展示在成千上万的路径库中找到流程漏洞，发现业务改进方向的通用模板，路径管控框架如图 6.3 所示。

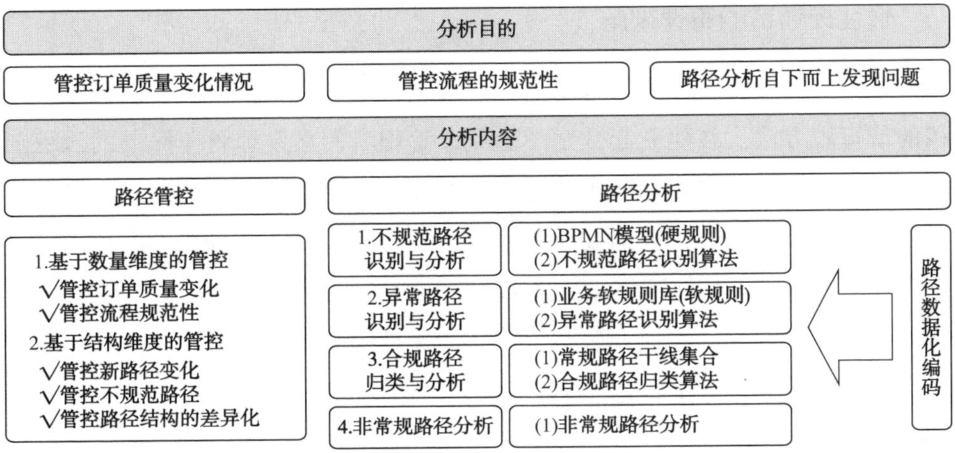

图 6.3　路径管控框架

我们将路径管控的直接目的定为：管控订单质量变化情况、监控流程的规范性、自下而上地发现问题三个子目标。

要实现第一个管控目的，我们需要开展路径管控，这些针对路径数量的管控，可以帮助我们发现订单质量变动情况。如果订单质量较高，那么订单在经由固定的流程时，则不需要经过多的风险校验，也不会有过多的意外情况，对应案例经过的路径长度和复杂度就相对较低，案例的效益也更好。因此，监控路径的效益和路径的复杂程度就可以对订单的总体质量有一定的把握。

换一个视角，从流程规范性的角度审视路径的数量和结构变化情况，我们可以发现流程的规范性问题。如通过比对 BPMN 模型，我们可以发现不规范路径，进一步与业务软规则库对比我们可以发现异常路径。这些不规范与异常路径的增多自然就意味着我们的业务可能出现了一些问题，由此我们可以对流程的规范性进行科学的把握。

最后一个管理目的，其实是路径分析的属性。因为分析的对象是一线人员执行业务的直接记录——路径，因此我们的分析视角往往更贴合基层与一线。与从上而下的分析不同，我们并未事先对流程的分析进行过多的管理假设。我们不会假设一定是某某部门出的问题，也不会因此将视野局限于人员执行、订单质量、流程设计中的任何一个方面。自下而上的分析是一线驱动的分析，可以让我们不加预设地对流程进行最全面的把握。

通往更通透的管理视角

我们已经向读者介绍了数字孪生，这是管理者在系统前直接认识业务路径的最直观方法。在建立起数字孪生后，管理者们常常惊讶于简单的流程图表面下竟藏着如此之多的灰色路径，它们或处于合规与违规的边缘，或在某段子流程中反复循环，或遇到了流程图所不能涵盖的业务场景，一线人员根据现场情况做出了弹性调整……可见在数字孪生后，流程图不能发现的问题，或是需要通过大量的实地调研与深挖才能发现的问题变得清晰了起来，管理者可以根据虚拟的流程孪生结果对一线的运作情况进行把控。

路径数量管控

事件与事件之间存在阶乘级的组合方式，形成的路径数目远超设想。

流程的数字孪生示意如图 6.4 所示。因为有流程孪生，我们对流程管控更加通透了，可以更形象地理解业务逻辑，也可以以极小的时间成本获取当前所有订单的运作情况。然而也正是因为流程孪生，流程管理工作变成了在可见的盘根错节中发现问题与标杆，新的管理工具也对管理工作提出了更高的要求，带来了更大的挑战与机遇。增加了对业务路径的建模与监控，企业将会发现在简单易懂的业务流程图下，可能埋藏了成千上万条业务路径。用人工的方法对动态变化的路径库做全量的监控分析显然不切实际，要发挥好流程孪生的桥梁作用，既需做好全量化的孪生，还需要有一套能在路径库中快速发现这些不规范、非常规路径的指标体系与方法。在实践中，我们探索出了基于数量管控与结构管控的逻辑分析方法。

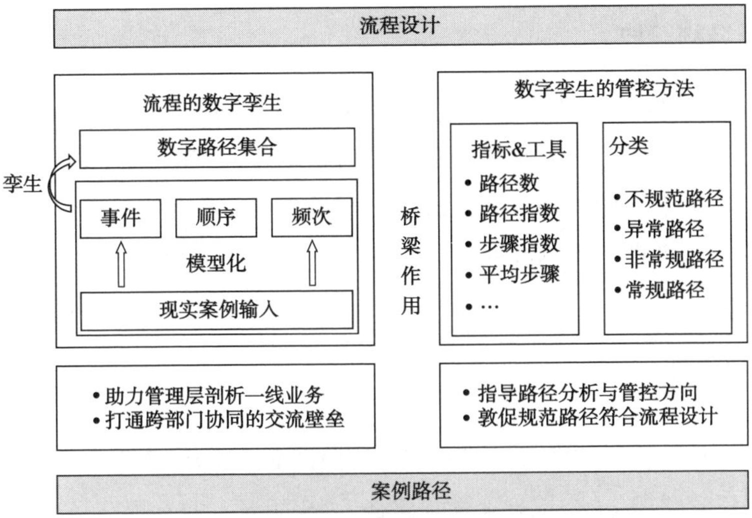

图 6.4 流程的数字孪生示意

考虑一个绝对理想且规范的业务场景，一项业务将完全按照流程设计运作，因此实际发生的案例路径数应该与流程设计中可能发生的情况相符合且案例的路径数此时最低。然而因为流程设计的局限性与一线运作的复杂性，实际路径数总会远大于流程设计中的流程数。在流程设计不变的条件下，一段时间内路径数越大，既代表了此时一线业务的波动越大，也代表了当前情况下流程设计对业务的指导价值出现了下降的趋势。路径指数与步骤指数可以作为发现业务波动，警示流程设计过时或业务运作不规范的指示器。

在路径的识别与分类上，我们采用了最简单的归类路径的方法，以求在项目的初步阶段无损地记录流程运作情况，即将事件发生次数与发生顺序完全一致的业务路径视作一类路径。我们将名词解释列于表 6.3 中。

表 6.3 路径分析名词解释

名词	解释
案例	将流入的每个订单视作一个案例
事件	在业务流程中，不可分割或无须分割的最小生产服务单元
路径	描述实际业务运作状况的事件集
步骤数	一个具体案例历经的事件数
路径指数	排除订单数目与事件粒度影响后，描述路径数目的指标
步骤指数	平均步骤 / 事件数

路径结构管控

“路径结构管控”是针对全量业务路径进行识别分类，生成四种路径集分而治之的管控模式。将所有路径数据进行自动化的聚合、归类，然后针对一个个类别实施不同的管理方案，既减少了管理的工作量，还能分而治之，对路径实施有效管理。为更好地阐述路径管理的运作逻辑，我们先将路径的分类模式呈现如下。

四种路径集合

经过路径结构管控的分类，我们将按照图 6.5 将所有路径分为四类：不规范路径、异常路径、（合规且）常规路径、（合规且）非常规路径。

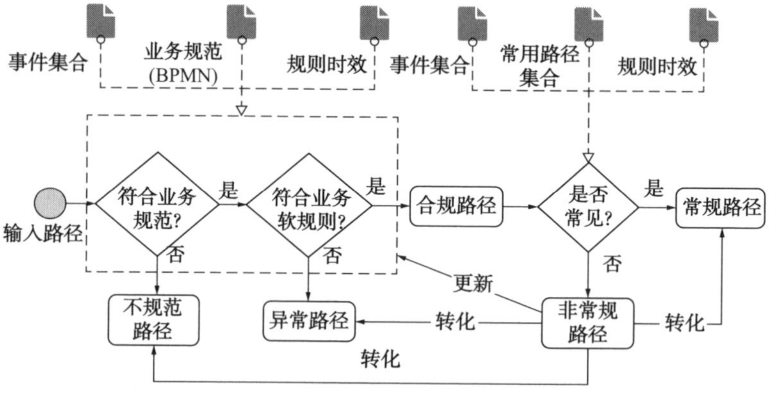

图 6.5　路径分类管控工作方法

企业在进行分类前，需要将硬性的“业务规范”与软性的“规则时效”进行整理，并作为参数输入分类模型。此外，企业也需要根据流程设计，定义业务中常见的“主路径”。基于上述框架，当新路径输入到分类系统中后，将根据是否符合“业务规范”（如是否缺乏必要的流程环节、流程是否按照既定顺序运作等）将路径分为不规范路径与其他路径。此时其他路径都满足了硬性的业务规则，然而对于一些影响顾客服务感知，但又不违背现有业务规范的事件（如前期审核时长超过一定阈值，事件的重新办理次数过多等），如果超出了设定的阈值，我们也将对这类事件进行重点跟进与关注，并命名为“异常路径”。

经过了这两重的筛选，剩余路径都是满足已有的硬性的业务规范且符合软性的规则时效的“合规路径”，然而却并不代表着这些路径毫无问题，不具价值，相反它们将是发现新问题、制定新规则的知识库。我们将比对这类路径与常见的“主路经”集合的相似度，将相似度较低的路径化定为“非常规路径”。这类路径中，可能有我们未曾关注过的问题，例如新增的业务环节带来的漏洞，或一项系统故障导致的环节持续重复等。它们可能并未被列入现有业务规范，也不曾被列入规则时效，但却已经埋下隐患。针对非常规路径的分析，将敦促业务运作与业务规则的更新与持续改善。

路径分类识别分析框架

相信在路径数量管控中，读者已然感觉到公司中的业务路径实在是太多了，如若粗略地进行计数和排序整理后，我们发现路径的分布是长尾的，我们常常无法直接下手分析。因为频次高的路径往往没有较大的问题，出现问题的路径大多在长尾中，要人工进行识别又太过低效。我们希望将已有的路径集合通过机器且科学的手段分门别类，实现路径的自动分类、科学识别，服务于流程的风险预防与流程改进的分析工作，如图 6.6 所示。

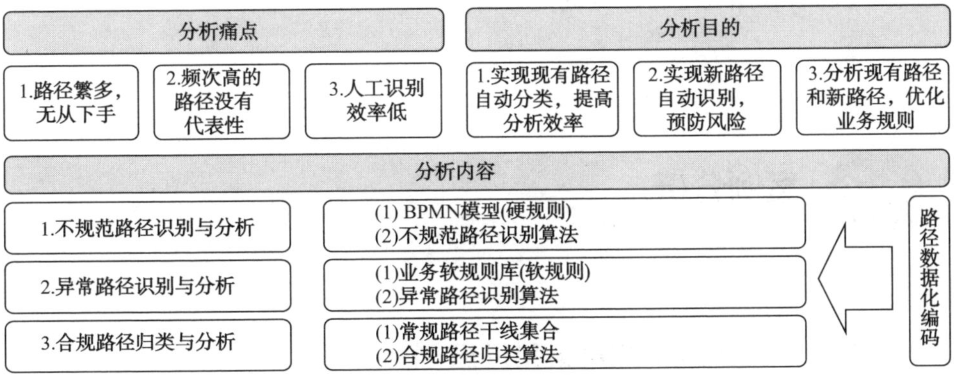

图 6.6　路径分类识别框架

路径分类识别的核心是前文提到的四种路径集合与后文将展现的路径相似度评价方法。接下来，我们将着重讲述一些路径相似度的评价方法，硬性的业务规范与软性的规则时效都有直接的现实凭据，然而这并不能完全满足我们对路径的分析需求。为将常规路径与非常规路径区别开来，我们定义了路径相似度这一概念，如图 6.7 所示。它是衡量路径在其事件发生顺序、发生频次上相似度的指标，其核心是余弦相似度算法。

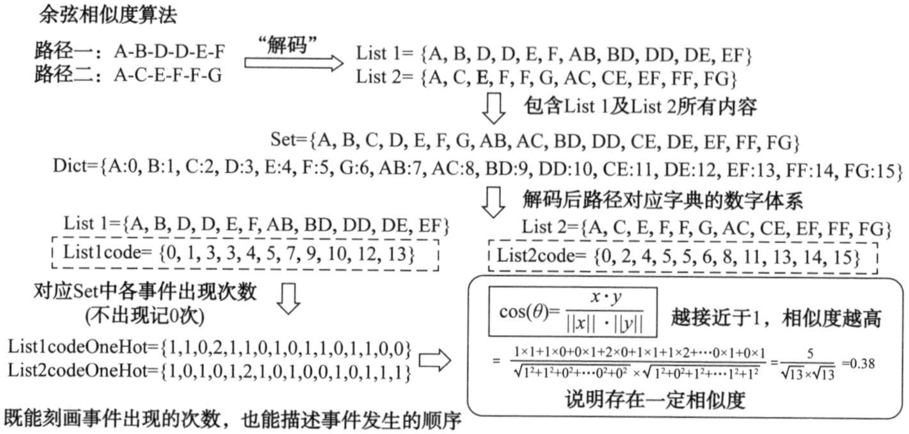

图 6.7　基于余弦相似度的路径相似度算法

其运作逻辑可以简要叙述如下：首先，我们按照事件发生顺序与事件发生频次将路径解码为向量。其次，在解码过程中，我们记录了事件、事件对，以及事件和事件对发生次数。最后，通过计算向量的余弦值，将得到每个新路径与现有“主路经”的相似度。该相似度对路径的事件以及事件顺序均有刻画，是将合规路径进行区分的优秀指标。

6.2 案例分析

6.2.1　案例分析的对象和目标

案例是指对特定实例或过程的记录和描述。每个案例都代表一个特定的业务实例，例如一个订单、一个客户服务请求或一个项目。案例包含了一系列相关的活动、事件和数据，记录了实际业务过程的执行轨迹。

每个案例通常由一个唯一的标识符来区分，使得可以对不同案例进行识别和比较。案例中的活动和事件按照发生的顺序进行记录，并且可能包含与活动相关的其他属性和数据，如时间戳、执行者、持续时间等。

通过对多个案例进行比较和分析，可以发现在不同案例中共性的模式和规律。这些模式和规律可以帮助识别典型的流程路径、频繁出现的活动序列、执行的变体等。基于这些发现，可以进行业务流程的改进和优化，提高效率、减少成本和错误，提升客户满意度等。换言之，案例和案例分析在流程挖掘中起着核心的作用，前者是案例分析的对象，后者更是分析和发现业务过程中的模式、规律和问题的基础。通过对典型案例进行分析，可以揭示出业务过程的实际执行情况，帮助发现优化和改进的机会。它是锁定流程问题症结，督促流程持续改善的重要视角。基于对流程和路径的分析，我们可以对业务运作的一些综合性指标和具体的运作路径分布有大致的了解。我们可以得出："该子流程（在成本、时间等维度上）运作情况良好（异常），路径简洁（冗余）且符合（违反）预设规范"等结论，却很难知道业务究竟为什么好，或出现的问题症结究竟在哪里。通过对典型案例的详细分析，我们可以从它的流程中发现它优秀（不良）表现的原因，指导未来的业务改进。它是我们站在流程和路径分析的肩膀上，走得更远的保障。

于是我们总说，在流程挖掘中案例是分析和理解业务过程的基本单位，通过对案例的分析，可以洞察业务流程执行，为业务改进和决策提供支持。

6.2.2 案例分析的框架

案例分析，则是更具体、更细节的分析维度。我们不再通过各类路径指标对路径进行抽象分析，而是在发现了特定的路径后，针对这条或这一类完全相同或者高度相仿的路径进行分析，如图 6.8 所示。

针对这些相同或者相仿的案例，我们可以参照其以往的业务表现对订单结果进行预测。此外，如果发现某类订单的业务表现不佳且有必要进行关注时，可以通过数字孪生进行根因分析、挖掘原因。对于业务表现良好的订单案例，如果业务可重复，那么我们可以升格为运作和管理标杆，甚至开展更进一步的团队分析。

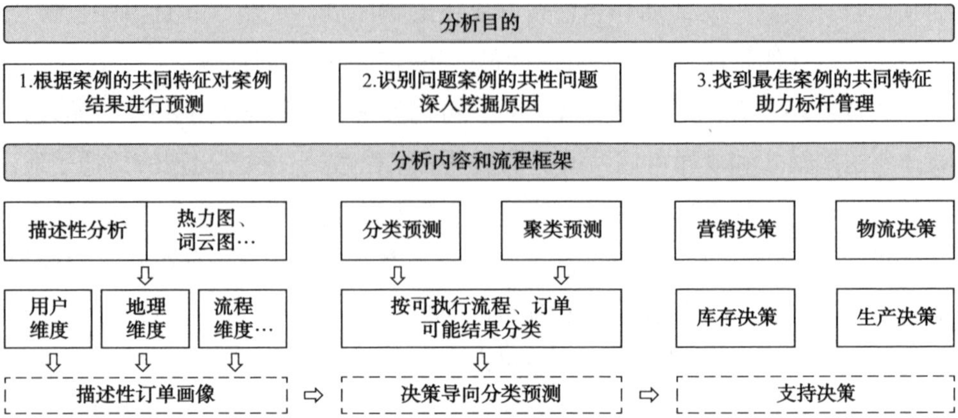

图 6.8　案例分析框架

我们当然可以对单个订单案例进行细致的分析，找到流程问题的原因，也可以进行些许的聚合，针对一些订单找到共性，并利用这些共性对单个的订单案例运作提供运营指导。在本书主要案例中，我们将案例分析的内容和具体实施步骤大致分为了三个阶段。对某一类案例进行订单画像，了解某一类业务结果的订单在用户、流程等属性上的差异后，可以依据各个订单案例的这些属性和最终业务结果训练模型，最终指导单个案例的运作。

6.3 团队分析

对于数字化程度高、支撑系统高度集中的大型企业，顶端流程设计的科学性会在很大程度上影响到基层流程运作的效果，然而对于相同的顶部指导框架，在一线执行中不同的放权和集权程度，以及不同业务团队执行的效率和稳定性都将共同影响到流程最终的表现。因此，从组织和岗位的视角出发，聚合流程数据，最终发现流程标杆优化流程的“团队分析”将会是公司进一步精进流程的一大利器，如图 6.9 所示。

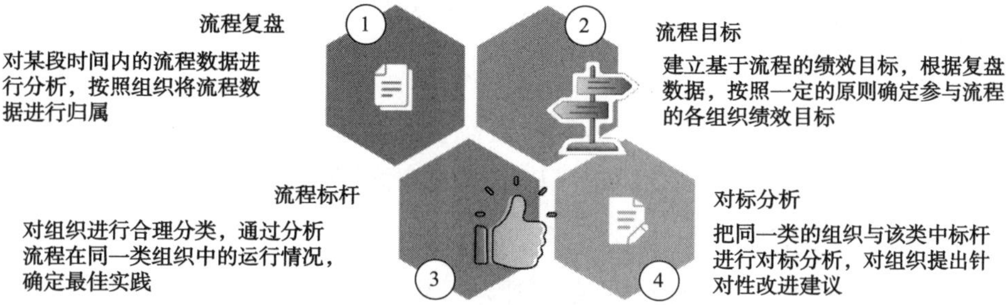

图 6.9　团队分析价值

我们将团队分析的分析目标和内容梳理如图 6.10 所示。

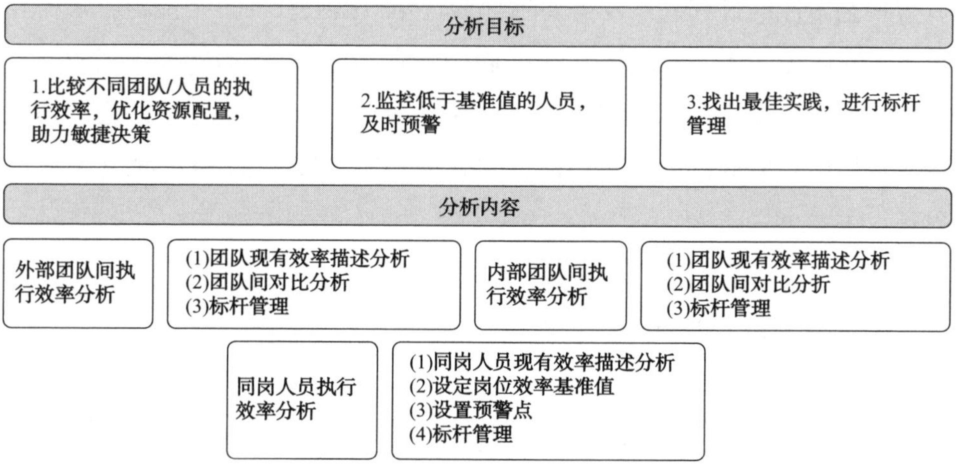

图 6.10　团队分析框架

团队分析最基础的目标是比较执行相同业务的不同部门间的执行效率。通过排序不同团队业务执行的时间、成本、盈利能力，我们可以大致甄别哪些业务团队可能遇到问题，哪些业务团队可能会有更好的业务实践。自然地，我们可以对后进的团队提供必要的帮助或是进行预警；对于先进的团队也可以树立典型，推广成功方案。

针对不同的分析目标，我们将对应的分析内容也梳理到了图中。我们以团队为单元开展分析，即在公司内部的业务团队间或外部的外包团队间开展比较分析。内部的业务团队都身处同一个运营环境中，公司对其订单分配和业务执行情况相对了解，可以更好地进行分析和把握，其分析的目标不仅是督促业务执行，更多的还是希望内部团队的业务得到改进。而对于公司外部的团队，因为外包团队的运作环境不同、运作逻辑也不尽相仿，公司对其影响力也相对较弱。针对他们的分析更多以考核为目标，将必要的信息与之交流可以督促其改变运作思路，更好地为公司创造价值。而当我们将视角进一步细化时，聚焦在团队内部，也可以横向关注同岗人员的执行效率，以此设定工作效率的基准值。

开展团队间的分析相对容易，因为团队是一个相对独立的整体，它所存在的目标是既定的，即完成公司赋予它的既定业务流程。我们只需要比较不同团队间的业务执行情况即可。然而团队内的分析则是更具体和更具有管理艺术性的过程，不仅需要管理者运用数据去反映员工能力，还需要考虑人岗匹配、团队内成员性格和能力匹配，需要一线的管理者去不断试错和讨论。本书仅在此提出一些抛砖引玉的想法，主要进行讨论的还是相对成熟的团队间的分析，团队内的分析方法及其价值还需读者进一步地发掘。

6.3.1 团队间分析

在企业中，一个个微观的人推动了一项项案例的进行，他们在企业中被编排在不同的部门和项目团队中。从业务的视角来看，这些小团体之间既可能是上下游的关系，也可能是相互并行、互相借鉴和竞争的关系。对于每个案例而言，也是这个道理，如果我们把微观的零散案例按照其执行的部门团队聚合到中观的案例集合，我们就可以开展所谓的团队分析。

团队分析是管理者树立先进，为后进团队提供进步思路而开展的比对性分析。我们都知道，公司应该适度激发基层在一线实践中的创新活力，因此在把控工作大方向上不偏离的条件下，对一线执行的适度放权是必要的。然而参差不齐的一线团队能力和不同的实践环境势必形成一部分团队执行力较高，另一部分团队执行力较低的局面。为了解相同业务在不同的执行团队间的执行效率差异，总结业务实践得失，促进共同进步，我们认为基于团队视角的分析不失为一大法门。

6.3.2 团队内部分析

团队内部分析是一种研究和理解团队行为、互动和效能的方法。它关注的是团队内部成员之间的关系、沟通方式、决策过程以及团队在达成共同目标方面的表现。

和团队间的分析相仿的是，它的目的也是帮助团队提高合作效率、解决问题、促进创新及提升绩效。通过对团队的结构、动力和效能进行深入分析，可以识别出团队的优势、挑战和潜在的改进点，从而提供指导和支持。

在团队分析中，常用的方法和工具包括以下几个方面。

团队成员角色和能力分析：通过评估团队成员的个人特质、技能和能力，可以了解每个成员的优势和弱点，从而更好地分配任务和提供培训支持。

团队动力和沟通分析：团队成员之间的有效沟通和协作对于团队的成功至关重要。团队分析可以帮助识别沟通障碍、解决冲突，并改善团队内部的动力和合作关系。

决策过程和问题解决分析：团队面临的决策和问题解决过程对团队的效能有着重要影响。团队分析可以帮助识别决策障碍、提高问题解决能力，并优化决策流程。

绩效评估和改进分析：通过对团队的绩效进行定量和定性的评估，可以了解团队的整体表现，并识别潜在的改进机会。团队分析还可以帮助制定有效的绩效指标和目标，以促进团队的持续改进。

团队内部的分析是一个综合性的过程，旨在增强团队的协作能力、创造力和效率。它可以应用于各种团队环境，包括工作团队、项目团队、学术研究团队等。通过深入了解团队的运作和特点，团队分析可以提供有针对性的建议和策略，以促进团队的成功和成长。

我们不难发现它更是一个偏人力资源协调和配置的概念，争取通过合理地配置人力资源达到提高团队创造力的效果。它可以在开展团队间分析之后，分别在先进组织和后进组织内部从个体能力的视角探索组织内配合的合理性，提出优化方案。

6.4 资源分析

流程视角下的资源分析，侧重于评估和优化组织内各个流程中所需的资源。这种分析关注的是资源在流程执行中的利用效率、分配方式以及可能存在的瓶颈或不平衡，资源分析框架如表 6.4 所示。

表 6.4　资源分析框架

分析目的	分析内容	
1. 识别流程瓶颈，优化资源配置 2. 识别工序间的不平衡，改善流程工序	节点流量分析 （优化资源配置）	（1）现有资源分析 （2）资源利用情况分析
	瓶颈分析 （优化资源配置）	（1）瓶颈资源识别 （2）瓶颈资源排查
	线平衡分析 （改善流程工序）	（1）测算周期时间 （2）计算线平衡率 （3）流程工序改善

流程视角下的资源分析可以包括以下几个方面。

人力资源分析：评估流程所需的人力资源，包括人员数量、技能要求、工作负荷等。通过分析资源的匹配度和利用率，可以确定是否需要调整人力配备、进行培训或改善工作流程，以提高流程执行效率和质量。

设备资源分析：评估流程所需的设备和工具资源，包括机器、设备、软件等。通过分析设备的利用率、故障率及性能，可以确定是否需要增加或更新设备、维护设备或改进设备配置，以确保设备资源能够满足流程需求。

物料资源分析：评估流程所需的物料和原材料资源，包括库存水平、供应链管理和物料采购等。通过分析物料的供应时间、库存消耗情况及供应链协调性，可以制定合理的物料采购策略，以确保流程的连续性和高效性。

信息资源分析：评估流程所需的信息资源，包括数据、文档、沟通和协作工具等。通过分析信息资源的获取、处理和共享方式，可以确定是否需要改进信息流程、引入更高效的信息管理系统或加强沟通与协作，以提高流程效率和决策质量。

在流程视角下进行资源分析通常使用流程分析工具和方法，如价值流图、流程图、时间研究和数据分析等。组织通过深入理解流程中的资源需求和利用情况，可以识别瓶颈、优化资源配置，从而提高流程的效率、质量和客户价值。

6.5 风险分析

风险分析旨在识别、分析和应对可能对流程执行和业务目标产生负面影响的风险因素，分析目的和分析内容，如表 6.5 所示。

表 6.5　风险分析框架

分析目的	分析内容	
1. 识别系统异常点，进行风险评估，及时预警	系统卡顿分析 （系统异常风险）	（1）路径偏差分析 （2）系统访问量对比分析 （3）系统异常分析
2. 监控流程执行过程中的风险点，及时预警	一致性分析 （流程执行风险）	（1）耗时一致性分析 （2）订单质量一致性分析
	合规性分析 （流程执行风险）	（1）硬性监管合规性分析 （2）流程设计规范合规性分析 （3）灰色流程操作合规性分析

流程视角下的风险分析可以包括以下几个方面。

流程障碍和瓶颈风险：评估流程中可能导致延迟、错误或效率下降的障碍和瓶颈，如流程步骤不明确、资源短缺、沟通不畅等。通过分析这些风险，可以采取措施来优化流程、改进资源配置、提高协调与沟通，以减少风险对流程执行的影响。

流程依赖和单点故障风险：评估流程中存在的关键依赖和可能引发单点故障的因素，如某个关键资源、系统或人员。通过分析这些风险，可以制订备份计划、引入冗余资源或改进流程设计，以减轻风险对流程连续性和业务连续性的威胁。

数据安全和隐私风险：评估流程中涉及的数据安全和隐私风险，如数据泄露、未经授权访问或数据完整性问题。通过分析这些风险，可以制订合适的数据保护措施、权限控制和数据备份策略，以确保流程中的数据安全和隐私合规性。

外部环境风险：评估外部环境对流程执行的潜在影响，如供应链中的风险、法规变化、竞争态势等。通过分析这些风险，可以制订灵活的计划、建立应急预案或与供应商、合作伙伴进行风险共担，以应对外部环境带来的风险挑战。

流程视角下的风险分析通常使用如风险矩阵、风险识别技术、影响分析和概率评估的风险评估工具和方法。通过对流程中的潜在风险进行全面评估，并采取相应的风险管理措施，组织可以提前识别和应对风险，降低业务中断、质量问题和损失的概率，从而保障流程的稳定运行和业务的可持续发展。

6.6 流程分析

近年来，业务流程管理的重要性已然被企业管理人员和管理理论研究人员充分认识。企业对存在问题的信息流、产品流、资金流等一系列管理要素进行重新配置，可以发现新的效益点，有些情况下，供应链成本在企业总预算中的占比高达 75%。

还有一个原因是企业可以通过改进流程为客户带来价值，甚至反过来惠及自身。如保洁公司（P&G）整合洗衣和清洁部、纸产品部等五大内部部门的开发、配送、促销流程。为其经销商提供相近的采购提前期、票据需求、促销策略指导，在给合作伙伴创造收益的同时，还建立起了自身的供应链优势，在行业中树立了一个很好的流程整治典范。

业务流程分析在企业中的应用已经较为广泛，但就其效果而言却参差不齐。本节的目的是让读者可以了解基于流程挖掘的流程分析方法。

流程分析目标和对象

在正式介绍流程分析的目标之前，我们应首先明确流程的含义。每个管理者对“流程”一词都有不同的看法，重温运营管理协会（APICS）的定义：流程即“一组为实现特定业务结果而执行的逻辑上相互关联的任务或活动”。根据人们对“业务结果”与“相互关联的业务”范围界定不同，流程可以有多种分类机制。

根据人们关注的业务结果不同，我们可以将流程划分为：基本流程、支持流程、开发流程三个类别，基本流程（Primary Process）处理的是该组织主要的价值增值活动，例如产品的生产与交付，这些业务结果于顾客而言是有价值的，顾客愿意为这些价值增值的流程买单。支持流程（Support Process）执行的是一些不增值但对于企业正常运转具有支持作用的流程，例如企业内部完成会计、审计、人事等业务成果的工作流程。开发流程（Development Process）则是为不断提高基本流程与支持流程运作效率而设计的迭代、升级流程。为让大家更好地理解，我们在表6.6中列举了一些常见的例子。

表6.6 业务流程示例

基本流程	支持流程	开发流程
产品制造	制订销售计划	开发新产品
服务提供	招聘新员工	新员工培训
售后与客户培训	会计与审计	流程分析与改善

这种业务流程的分类方式可以在确定的业务范围内，为流程的分析与改善提供一个价值增值的视角。在此视角下，管理者可以讨论诸如：价值增值时间比率、核心竞争力分析模型、价值链的横向纵向分析等问题。回答企业现有流程在价值增值上花费了多少时间，在总流程时间上占比多少，以及通过横向与纵向的对比，从总体上回答企业流程的增值活动运作是否存在波动，与可见的行业标准是否存在差距等问题。

此外，针对流程挖掘的业务特点，本书还提供了一种对多业务部门企业逐步进行流程分析工作十分适用且灵活的流程分类的模式。让我们以企业中某个特定职能或业务部门管理者的视野来理解这一流程分类机制。该管理者有直接负责的部门和考核的KPI，他对流程的关注范围往往局限于本职能部门内，我们称之为“微观流程”，基于此部门的管理和分析可以局部改善部门的效益。显然，局部的效益最优对企业整体而言不一定最优，企业需要不断优化KPI设置，保证局部的利益与整体利益相协同。根据这个思维，我们将视野拓宽到企业内其他的任意业务部门，将KPI设置为企业所处环境不变时，企业自身的利润最大化，我们将之定义为“中观流程”。中观流程的分析可以实现在特定上下游竞争合作环境、特定企业地缘条件下，分析与改善企业流程效益，最终达到利润最大化的目标。在特定的企业外部环境下，这样的流程视角固然无可厚非，但环境总是变化的，企业的战略目标也不会总是利润最大化。再放宽视野，将业务流程拓宽到企业外部，到供应链的上下游，我们可以发现形成企业核心竞争力、改进供应链整体效益的一些价值点，而这样的流程视角被我们称之为“宏观流程”。在本节我们提到的保洁的例子即是企业在宏观流程的视野下，为供应链带去效益提升，并提高自身供应链核心竞争力的案例。

流程的分类方式固然不止上述两种，但界定好流程的结果与范围是开始流程分析的基础性工作。在进行流程分析之前，定义好流程的主要产出和考虑范围可以让流程分析的结果更贴切业务，因而更具有指导意义。我们将在后续详细的分析中运用如上思想。

流程分析的方法

要实现提高整个流程的 KPI 这一业务优化的终极目标，我们还需要在确定好流程分析的对象和范围后选择合适的分析方法进行探索和实践。

首先，需要确定流程分析的先后顺序。每个企业都会有各种各样的流程，每个流程都可能跨多个系统，每个系统的数据都有可能不完整，所以，我们建议从微观基本流程开始着手进行分析，然后，进行中观基本流程分析，形成了企业内部的共识之后，再来开展其他流程的分析。不同的企业有不同的组织架构，若企业内部有一个专门的部门来负责流程的管理，那么我们建议按照上述方法来开展流程分析工作；若企业内部没有一个专门的部门负责流程管理工作，那么需要指定基本流程的负责部门来确定从哪一个微观流程开始分析。

其次，确定重点分析的流程步骤。对指定的微观流程进行端到端还原之后，对还原后的流程图进行分析，特别关注对流程 KPI 影响大的步骤，如返工多的、耗时长的、成本高的、客户感知明显的步骤，与流程分析部门一起确定重点提升的步骤。

最后，针对需要重点提升的步骤或者多个步骤，结合路径分析方法、案例分析方法、团队分析方法、风险分析方法等开展综合分析，并与流程分析部门一起确定下一步流程改进的方向或方案。

第7章

数字化的流程仿真

数字化促使企业流程更加灵活和适变。市场需求和客户需求不断变化，企业需要随时调整和适应。传统的刚性流程无法满足这种需求，因此企业需要建立起灵活的流程管理机制。未来很长一段时间，企业流程将会趋向智能化、个性化、灵活化。在第 6 章中，我们面向真实运行的流程，给出了路径分析、案例分析、团队分析、资源分析、风险分析、流程分析等六个方面的分析框架和分析方法，在这六个方面分析的基础上，我们可以对流程的运行状况进行诊断，针对诊断的问题，如何优化呢？大家都知道，流程上的一些变化也有可能给企业带来未知的风险，决策调整需要慎之又慎，那么流程仿真可以在一定程度上帮助企业规避风险。在本章中，我们将从流程仿真的本质入手，探讨基于流程挖掘的仿真技术。

7.1 流程仿真的本质

我们都知道意识和发现问题是管理工作的开始，我们还需要将更多的精力花在改什么、怎么改上。我们很多时候都知道某个流程慢、卡、效率低，可以针对性地提出增加生产线、增添员工等一系列的方法来改进问题，但并不知道怎么做才是最优的。

相信面对一个具体的问题，有些经验的管理者可以对做什么、怎么做的话题谈一些自己的见解，却很难说哪个方案对公司是最好的。尤其是在风险巨大的环境中，草率地试运行未免又太过劳民伤财，谁都不敢做那个兜底的人。幸运的是，仿真技术可以在某种程度上帮助企业规避这些风险。诞生于极度不确定的战争环境中，仿真技术被人们发掘出来，指导生产和研究决策。也正是它，将人们从一次次豪赌中解放出来，开始了更科学的管理。

那时的仿真是计算机的首批应用之一，早在 20 世纪 40 年代的第二次世界大战的“曼哈顿计划”中，以“蒙特卡罗模拟”为代表的统计学方法，就被用来模拟核爆炸的影响，从而更好地理解和掌握原子弹的设计和性能，为研发提供了重要的工具和数据支持。后来，该方法也被用于金融、电信、游戏、工作流管理等其他领域。

流程仿真（Business Process Simulation，BPS）是指使用计算机技术对实际流程进行模拟和分析的过程。通过将真实的流程转换为计算机程序，并在程序中对流程进行模拟，以观察流程在不同条件下的表现和效果。在流程仿真中，可以通过调整模型的各种参数来模拟不同的情况，比如调整处理时间、资源分配和人员配置等，这样可以更好地了解流程的特点和影响，从而优化流程设计，提高流程效率和质量。

BPS 还体现了这样一个概念：业务是一系列相互关联的流程，并且这些流程由“输入”转换为“输出”的活动组成。BPS 模型要求使用者输入尽可能贴近现实的数据，例如资源约束、决策规则和随机行为。流程挖掘系统的全量化数据处理能力，可以很好地支撑起这些数据诉求。通过在压缩时间内逐步处理事件的同时，显示工作流的动态图形，来完成模拟业务的操作。由于流程仿真能够跟踪模型元素的统计数据，因此可以通过分析模型输出的最终数据来评估方案的性能。

流程仿真通常也是一个迭代的过程，即根据仿真结果进行调整和改进，不断优化流程。本质上说，它就是在不影响实际流程的情况下不断进行的一种测试和实验，帮助企业减少成本、提高效率和优化服务质量。

7.2 流程仿真在商业决策中的价值和影响

随着全球化竞争加剧，技术进步带来新的变革，消费者需求多样化，工业和服务型企业面临着越来越大的压力。服务客户、开发产品、满足需求等关键流程的效率以及商业决策应对市场变化的灵活性变得至关重要。但灵活的流程通常意味着“多频次”“多变量”，特别是对商业模式固定、流程规范的一些企业来说，流程上的一些变化也有可能给企业带来未知的风险，决策调整需要慎之又慎。

20 世纪 90 年代初的欧美，就有许多领先企业实施了 BPR，提高了生产力并获得竞争优势。但对 180 家美国公司和 100 家欧洲公司进行调研后发现，尽管 75% 的企业实施了 BPR，项目的失败率却超过 50%。许多人认为，导致失败的主要问题之一是缺乏在项目实施前评估方案效果的工具，而 BPR 只有在实施重新设计的流程后才能识别带来的问题。实施和纠错的过程产生了大量的沉没成本。

与此同时，高度可变的流程时间和资源之间的相互依赖关系使得用传统的项目管理工具来分析活动成本和资源需求非常困难。比如供应链管理中平衡库存的问题：需求和过程时间的可变性、供应链的复杂性和系统动态造成了高度的不确定性，根本无法用传统的电子表格和流程图准确地建模和分析。但加上计算机模拟能力的 BPS 就可以为企业提供最具成本效益、准确和快速的战略武器，以便在投入大量资源和时间之前评估方案的可行性，可视化一个过程将如何行动，测量它的性能，给流程模型赋予"如果"的能力，使计算机模拟成为决策的宝贵工具，这就是流程仿真在商业决策中的价值。

7.3 传统仿真建模的局限性

一般的业务流程仿真实验需要经历从定义建模目标、决定建模边界、收集数据和信息、建立流程模型，到设计实验方案、运行仿真实验、分析仿真结果、优化和改进、验证模型的完整步骤。流程挖掘之父 Wil van der Aalst 教授曾提出"仿真的关键思想就是重复执行一个模型"，可见模型是流程仿真技术实现的关键核心。

利用流程仿真预测方案执行效果的价值取决于仿真模型的质量，而模型质量的基础一方面是数据的质量，另一方面则是仿真方法的选择。构建一个仿真模型有连续仿真、混合仿真、离散仿真这几种方法，他们的时间模型、变量类型、仿真粒度、应用领域都有所不同。拿比较常用的离散仿真方法来说，它通常用于模拟离散流程的系统，如生产线、通信网络等。其中每个事件在时间上是不连续的，而且事件之间的发生是由系统内部的状态变化触发的。离散仿真具有灵活性、可视化、实时性、可重复性的优势，同时也存在下面一些问题：一是缺乏真实性，无法完全反映真实世界的复杂性和不确定性，且准确性和可信度高度依赖于参数的选择和设定，不合理的参数设置可能导致不准确的结果；二是处理大规模和复杂系统的难度较高，可能需要大量的计算资源和时间来完成模拟。

7.3.1 缺乏真实性：个体偏差容易被忽视

爱因斯坦这句“一切应尽可能简单，但不能过于简单”，就非常适用于下面要提到的仿真模型容易过于“抽象化”，且个体偏差容易被忽视导致的“失真”问题。

在现实工作环境中，就算是标准流水线上的工人，也很难以恒定的速率工作，而是需要将注意力分散在多个流程上。比如，同一条生产线上，有的人干活快，有的人干活慢，偶尔还要休息打岔，即便是同一个人，今天和明天的状态、情绪不一样，也会影响工作效率。荷兰著名的流程挖掘之父 Wil van der Aalst 教授在《业务流程模拟生存指南》一书中给出了人们在社会活动中需要将时间精力分散到不同流程的示意图，并列举了工作量对工作效率的客观影响，如图 7.1 所示。

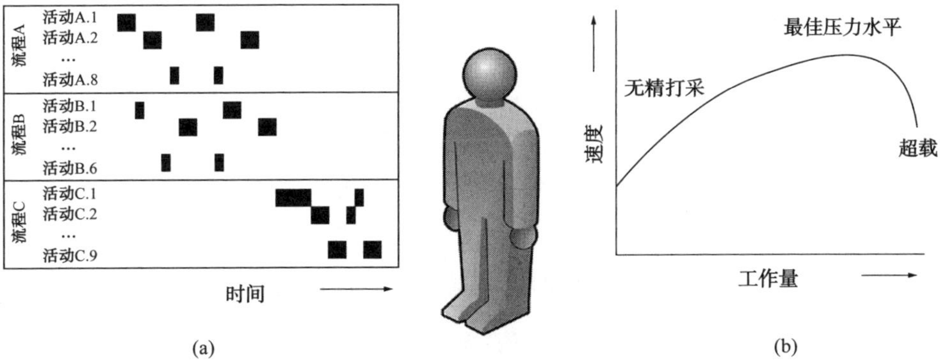

图 7.1 时间分散图（a）；工作量与速度变化图（b）

但仿真模型在建立的时候很难考虑到这些复杂的情况，即使考虑到了，模拟“个体注意力分散”这样的变量对评估结果造成的偏差也具有相当大的挑战，毕竟个体行为都存在或大或小的区别。类似上述这样只能被简化处理的模型变量还有很多，可能会对流程性能的评估产生显著的影响。

7.3.2 模型变量规则复杂，理想化模型成本高

模型变量规则的复杂性是由多个因素综合影响的，需要综合考虑数据类型与结构、模型类型与算法、数据预处理与特征工程及领域知识与业务需求等方面的因素来制定。图 7.2 体现的是 BPS 建模需要考虑的内外因素层级，足以见得影响建模的因素是非常复杂的。

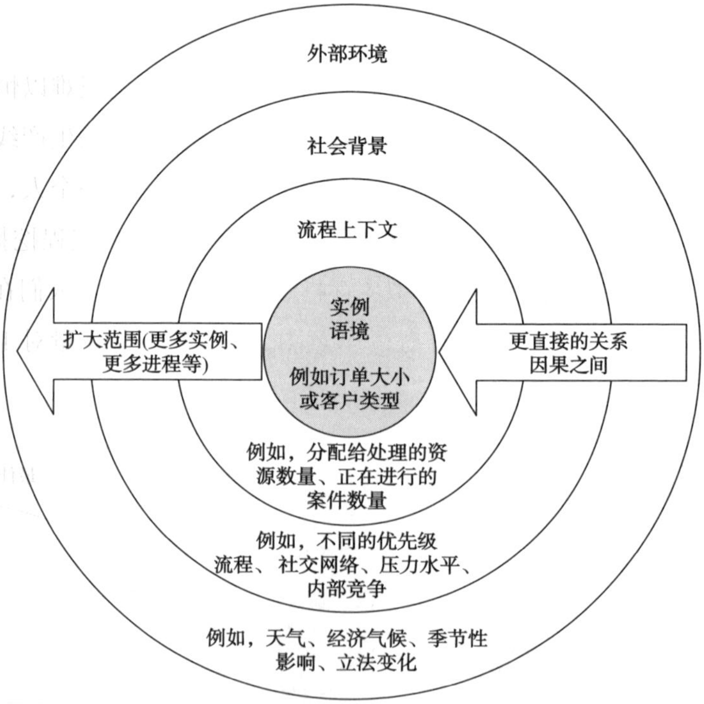

图 7.2 BPS 建模需要考虑的内外因素层级

拿医疗领域来说，建立疾病预测模型可以帮助医生和研究人员预测患者的疾病风险和发展趋势，从而提供更准确的诊断和治疗方案。然而，由于人体的复杂性和疾病的多样性，建立一个准确的疾病预测模型同样是一项复杂且需一定经济支撑的任务。

首先，人体包括基因、生理指标、生活方式等多个变量和规则，这些变量之间存在复杂的相互关系和影响，需要建立相应的数学模型来描述它们之间的关系，在建模过程中还需要考虑遗传学、生物信息学等复杂的医学概念。其次，一个理想化的癌症预测模型可能需要考虑家族史、环境暴露、生活习惯等因素，以更好地预测患者患癌症的风险。这些都会增加模型的复杂性和计算成本，需要更多的数据和计算资源来支持模型的运行和迭代。最后，医疗机构需要雇佣专业的生物信息学家和医学研究人员，进行数据的收集和整理，开发适用的数学模型，并进行模型的验证和修正，研究、开发、硬件方面也是一笔巨大的投入。

在实际应用中，需要权衡模型的复杂性和准确性，以及成本的可承受性，选择适合的模型来进行预测。面对这些高昂的成本、风险、困难，最终我们只能做到无限接近理想化模型，但不可能真正实现理想化模型。

7.4 基于流程挖掘的高级流程仿真

上述的局限性表明，流程仿真建模过程的复杂性、不确定性，包括数据参数的不准确，都会导致模型的不理想，形成“垃圾进垃圾出”的 GIGO（Garbage In and Garbage Out）效应，最终使这样的实验严重偏离现实、失去意义和价值。为避免这样的情况发生，一方面在选择目标流程和定义模拟项目目标时，就应始终非常仔细地关注数据要求，尽可能结合实际事件数据；另一方面，我们也在思考有没有办法在维持精度的同时，尽可能降低建模的成本。

最终我们发现，基于实际流程事件日志驱动的流程挖掘技术，给仿真实验的有效性带来了更先进的模拟形式。通过流程挖掘，日志中的事件可以与仿真模型元素相关联，模拟生成类似的事件日志，并能够将事件日志生成的动态信息投影到模型上，为静态过程模型“注入生命”。与此同时，真实事件数据和模拟事件数据可以存储在事件日志中，并使用相同的流程挖掘工具进行分析。这种对过程行为的统一视图，也可以让仿真嵌入日常工作中帮助管理和决策。

图 7.3 中间最上面（标记为“模拟事件数据”）指的是模拟而不是现实生成的事件日志。事件是通过引用某些流程实例（案例）、活动、时间戳、资源和其他属性（例如成本）来描述的。如图 7.3 所示，可以使用相同的工具查看模拟事件和真实事件。这对于运营决策和“假设”分析非常重要。可以使用过去和当前事件数据的可视化来探索不同的未来场景。

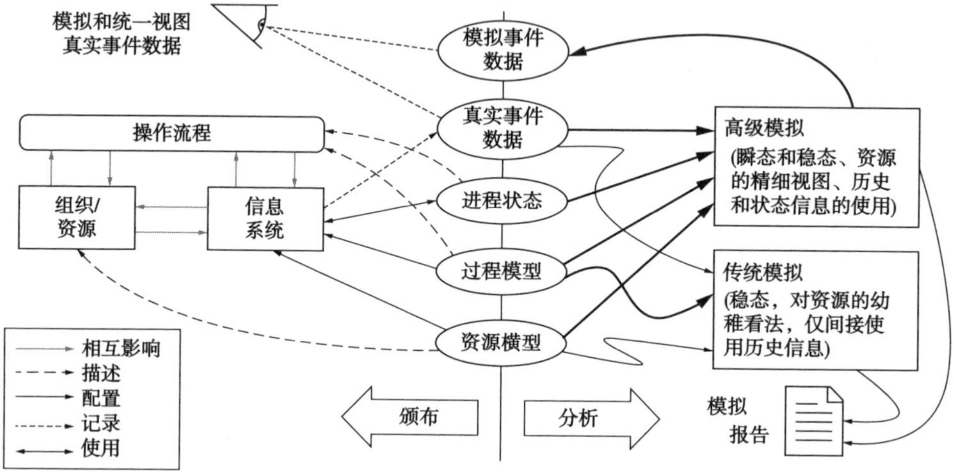

图 7.3　与传统模拟相比的高级模拟

对于开发者来说，只需要将流程挖掘得到的数据和模型应用于流程仿真，就能够通过改变参数变量来模拟趋近真实的应用场景，不仅提高了流程仿真的应用效率，还能大大改善不同场景下流程仿真的精确度。对于企业管理者来说，流程挖掘与流程仿真的应用，可以帮助他们检讨过去、改变未来。一方面，通过设置仿真的目标结果来控制中间环节的变量，进而改进流程和决策；另一方面，也可以通过改变中间环节的变量来推理未来产生的结果，进而改进流程。

7.5 流程仿真在流程挖掘中的未来发展方向

流程分析不仅应关注稳态行为，还应关注瞬态行为，以便支持运营决策。与流程挖掘结合应用的高级仿真应该利用真实事件数据来半自动地学习更好的仿真模型。通过结合现有的流程挖掘技术，在模型上重放事件日志，可以丰富模型的生产节拍、降低出现问题的概率和预演问题后的处置方案。从而产生成熟的仿真模型，最终实现自动构建仿真模型。除此之外，下面还有一些关于流程仿真在流程挖掘中的未来发展方向的思考。

增强仿真模型的准确性

流程仿真的准确性对于流程挖掘的结果和改进方案的可行性至关重要。未来的发展可以致力于提高仿真模型的准确性，包括更好地捕捉实际流程的特征和变化，并考虑更多的影响因素。

引入机器学习和人工智能技术

机器学习和人工智能技术在流程挖掘中的应用越来越广泛，可以借鉴这些技术来改进流程仿真。例如，可以使用机器学习算法来预测流程中的变化和异常，并在仿真模型中进行模拟和分析。

融合多个数据源和多个层次的流程信息

流程挖掘可以涉及多个数据源和多个层次的流程信息，例如，从日志数据中挖掘出的操作序列、从组织结构中挖掘出的角色关系等。未来的发展可以致力于将这些不同的数据源和层次的信息融合起来，在流程仿真中进行综合分析和优化。

第8章 数字化流程的管理应用——流程监控与预警、智能导航与驾驶

数字化时代的变化和多样性使得企业面临更多选择和变革的机会，同时带来了企业流程的复杂多样。以前的流程执行可能相对简单直接，但现在的流程面临着更多的变量和选择。在前序章节中，我们对真实运行的数字化流程进行了分析和诊断，这在一定程度上回答了管理者迫切需要知道的“是什么”的问题，如“流程运作情况如何”“流程中存在什么问题”，但同时，我们还需要关注“该怎么做”。本章将介绍两个应用：数字化流程监控与预警和智能驾驶与导航。前者是在企业业务已经发生偏离时及时提醒关注卡点、停止损失的重要吹哨人，后者则是告知企业在改变业务后，端到端流程的业绩将发生何种改变的预测者。

8.1 流程监控与预警的目标

有时一些细小但不易察觉的流程变动并不会直接体现到成本和利润当中。然而，基于流程挖掘技术，我们可以对人机协同流程的监控与预警细化至程序代码级别，大大提升人机协同效率，对业务发展的把控也不仅仅停留在利润、成本、周转率这样的综合指标上。这正是“数字化的流程监控与预警”功能的范畴。这一技术可以使我们在运作中设置监控卡点，及时发现问题并止损，从而达到提高流程效率的目标，以适应市场和用户需求的变化。这就是对第一个应用探讨的主要内容。

流程挖掘中监控与预警的目标是提早发现潜在的问题或异常，并及时采取措施进行干预或修正，以确保流程的正常运行和优化。通过监控与预警，可以实时跟踪流程的执行情况，及时发现流程中的异常情况、瓶颈和风险，从而帮助组织及时采取相应的措施，保障流程的高效、稳定和可靠运行。

监控与预警的目标还包括提高流程的可视化和透明度，为管理者提供实时的流程数据和指标，以支持决策和优化流程的持续改进，具体如下：

提高流程的可视化和透明度：通过流程监控系统，可以实时监控和追踪整个业务流程的执行情况，包括每个环节的处理时间、责任人、进度等信息。

这样可以提高流程的可视化和透明度，帮助管理者全面了解业务流程的执行情况，及时发现问题并进行调整。

提高流程执行效率：通过流程监控系统，可以对业务流程进行实时监控和分析，及时发现流程中的瓶颈和问题，并进行预警。管理者可以根据预警信息进行及时调整和优化，提高流程执行效率，减少资源浪费，提高工作效率。

提高流程的质量和准确性：通过流程监控系统，可以对业务流程中的关键环节进行监控和预警。一旦发现异常情况或错误操作，系统就会及时预警，提醒责任人进行纠正。这样可以大大减少错误和差错的发生，提高流程的质量和准确性。

提高流程的可控性和风险控制：通过流程监控系统，可以对业务流程进行全面的监控和控制，及时发现潜在的风险和问题，并进行预警。管理者可以根据预警信息进行风险评估和控制，减少潜在风险的发生，提高流程的可控性和风险控制能力。

8.2 流程监控与预警的操作指引

流程监控预警相比于一般的监控预警更专注于复杂流程系统的监控和优化。通过流程挖掘和数据分析技术来识别和预测潜在的流程问题和异常情况，根据历史数据和流程模型发现流程中的异常行为，提供实时的监控和预警。主要应用于业务流程、生产流程、物流流程等复杂的流程系统中，以实时监控和预警的方式来提高流程的效率和质量。

在实现过程中，它通过监测和分析流程中的数据、指标和事件，来判断流程的运行状态是否正常，并及时发出预警信号，以便及时采取措施进行调整或解决问题。具体步骤如图 8.1 所示。

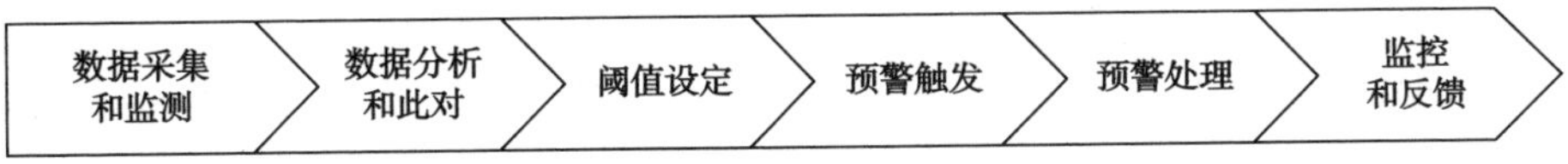

图 8.1　流程监控与预警的操作指引示意图

数据采集和监测：通过收集流程中的数据和指标，包括输入、输出、中间环节等关键数据，以及与流程运行相关的事件和异常情况。

数据分析和比对：对采集到的数据进行分析和比对，与预设的标准或预期结果进行对比，以判断流程运行是否正常。可以使用统计分析、数据挖掘等方法来进行数据的处理和分析。

阈值设定：根据流程的特点和要求，设定一些关键指标的阈值，即允许的最大或最小值。如果数据超过或低于阈值，就会触发预警。

预警触发：当监测到流程中出现异常情况或指标超过设定的阈值时，系统会自动触发预警机制，发出预警信号。预警信号可以通过各种方式传达给相关人员，包括短信、邮件、电话等。

预警处理：一旦接收到预警信号，相关人员需要及时响应，并进行相应的处理措施。处理措施可以包括调整流程参数、解决异常情况、协调各个环节等，以确保流程的正常运行。

监控和反馈：在预警处理之后，需要继续对流程进行监控，确保问题得到解决并且流程恢复正常。同时，还需要对预警的效果进行反馈和评估，以便优化和改进流程监控和预警的逻辑和方法。

作为流程挖掘的子领域，流程监控预警是对企业业务流程的执行效果、执行质量进行评价的重要手段，为企业了解业务流程的设计质量、应用效果和优化完善方向提供依据。通过复杂的事件关联处理与分析、图形化的图表与报表展现及准实时的预警功能，辅助企业管理层发现可能存在的问题或者机会，辅助企业领导层进行业务决策，从而实现绩效的提升和风险的降低。

8.3 在流程中导航业务

在前面章节，我们与读者一同探讨了在搭建起数字化能力底座后，如何利用数智化应用层的基础应用诊断流程，精进业务的法门。可以说，这些常规工具提供的企业运作信息，总能在人机协同的企业运作和管理体系中成为可靠的决策依据。然而我们相信数据之于企业管理的潜力远不止于此，继流程分析、仿真、预警之后，我们还将智能模型与数据相结合，对企业中一些半结构化的问题进行了自动化的决策尝试，即在本章中展示的智能导航与驾驶功能。这项功能是一般流程挖掘框架的一环，也是我们数字化管理探索的重要部分，为我们的半结构化决策提供了较为可靠的预测和推荐方案。

将正在运作中的案例纳入管理

行文至此，我们已经简略地指出并介绍了流程挖掘的三种主要应用类型：流程发现、合规性检查和流程改进（参见4.3流程挖掘的业务价值）。除此之外我们还介绍了几类分类视角，包括：控制流视角（HOW），组织视角（WHO）和案例视角（WHAT&WHY），读者可以在流程分析、团队分析和案例分析中对它们的主要应用形式和效益产出有所体会。

通过浏览以上的分析框架，相信读者已经意识到了企业流程在管理者和实践者心中可能呈现不同的模样：既可能是设计出来的“理论模型”（即业务流程），也可能是运作产生的“实际模型”（即业务路径）。然而流程挖掘不仅能利用“事后数据”，赋能管理者更通透地把握公司流程的实际运作情况，为规范生产运作和重新设计流程提供管理支持，还可以利用正在发生案例所产生的“事前数据”。如果一个案例仍在生产和服务的流程中出现，还尚未流出服务的系统，即这个案例还是“活跃”的，那么它的业务结果就还有被影响、被提高的可能。因此我们可以运用实践日志中关于这个案例的信息保证更正确、更定制化地处理此案例。这就是流程的智能导航和驾驶的初衷，也是能让流程挖掘更积极地对业务产生正向影响的重要拼图。

参考Wil van der Aalst在《Process Mining》书中的观点，我们将流程挖掘的模型图示于图8.2中。

在图中，我们企业的信息系统（Information Systems）从现实世界处理现有的数据（Current Data）和存储历史数据（Historic Data）。这些数据将分别支持企业的报表制图、实时审计及导航预测模块。各项数学和仿真模拟模型（Simulation Models）帮助企业管理者运用数据并执行这些职能。依照于此，在

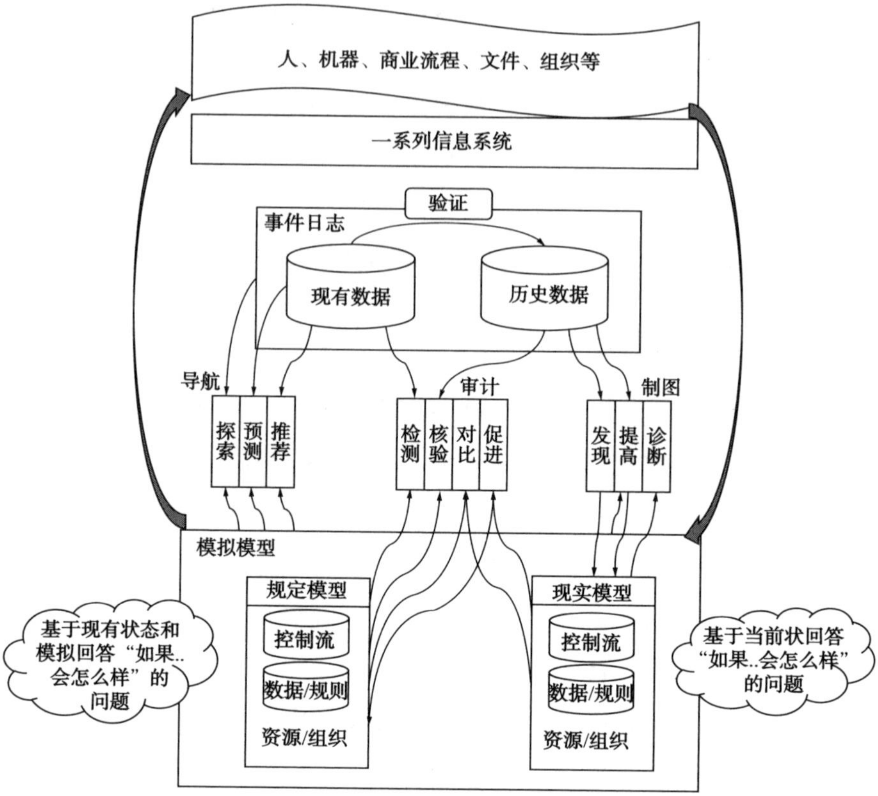

图 8.2 实时分析的流程管理

我们的实践中企业的信息系统和数据库也同样从真实的世界获取关于企业组织架构、资源分配情况及流程实际运作的相关数据，存储在信息系统中并经过验证和新一轮的建模，可以生成基于事件日志的数据库（此处对应着 Event Logs）。根据订单是否被服务完成，我们又可以将数据划分为“事前（中）”及“事后”两个阶段。“事后”的数据与离线流程挖掘息息相关，也同时可以与“事前（中）”的数据一起参与到在线的流程挖掘中来。

智能导航和驾驶

智能导航和驾驶的工作流程和模式可以按照影响业务的程度不同分为三个阶段。

1. 通过探索（Explore/Detect）的工作可以让我们对系统中正在进行的案例展开分析，识别需要进行特殊处理的案例。我们常常将进行中的事件数据与模型结合用于探索运行时的业务流程改进。这些案例常常经过可视化、数字化与之前处理过的相似案例进行比较，结合公司现在所能调动的业务资源一并分析，识别案例是否有过去的经验可以参照、公司是否有相应的资源可以进行分配。这既是对对应的订单案例负责，也是对公司负责。

2. 在识别到可进行优化的订单时，紧接着就是预测（Predict）的工作。通过结合运行中的案例信息与系统中的流程模型，可以预测订单经过特定处理的未来，包括成本、收益、剩余处理时间等。

3. 基于预测未来的信息，我们往往可以推荐（Recommend）应对案例采取的合适行动，至此终于实现了智能导航的功能。

8.4 基于流程的探索和预测

什么是探索和预测

我们都希望有这样一个智能助手可以为公司的业务开展优秀的导航和驾驶工作，探索、检查和预测就是让这一切开始的第一步。

人们已经习惯了人机协同的工作流程，订单案例与企业信息系统的一切交互都将被记录下来。探索与检查系统将持续不断地审视每一个案例的现有状态，如有合规性上的偏差那就会发出提醒；如果通过了合规性审查，并发现它与以往案例集合有相似之处，系统就会回答我们所感兴趣的“这个订单接下来会如何”的问题。

只要信息足够充分，我们就能得到可靠的预测结果。在第9章中，可以看到在物流发货、针对订单开展外呼等场景中，我们可以对大多数订单的执行时间、执行特定处理后的效益得到富有业务指导价值的预测。

预测的常见模型与方法

无论是在商业分析领域还是在学术界，已经有很多较为成熟的预测方法。

针对连续的结果，例如时间、成本、收益等指标，如若信息充分，一些简单的线性回归、移动平均、广义的线性回归模型等都可以取得较好的预测结果。而对于分类、非连续性质的结果，如订单成功与否，我们常常采用监督学习技术进行预测。如易于运算和解释的决策树，常被用于文本分类和垃圾邮件过滤的朴素贝叶斯（Naive Bayes），二分类问题中常用的逻辑回归（Logistic Regression）；更复杂的方法还有神经网络（Neural Networks），乃至集成方法（Ensemble Methods）：如随机森林（Random Forests）和梯度提升树（Gradient Boosting Trees），将多个基础模型的预测结果进行组合，提高预测性能。

这些预测方法已经广泛地运用到了一些商业场景当中。生产计划与销售预测就是很经典的一个场景，亚马逊（Amazon）利用大规模的数据和机器学习算法来进行销售预测。他们分析顾客的浏览历史、购买行为、评价等数据，并结合其他因素如季节性变化和市场趋势，预测不同产品的需求和销售趋势。这使得 Amazon 能够准确补货、调整价格策略和提供个性化的推荐，从而提高销售额和客户体验。作为一家全球消费品公司，保洁（P & G）利用预测分析来预测产品销售，并进行需求规划和库存管理。他们分析市场数据、促销活动、竞争情报及消费者行为和购买趋势，应用预测模型进行销售预测和需求规划。这有助于 P & G 优化库存、避免出现过剩和缺货，提高产品供应的准确性和效率。可能这些排产和需求的预测看起来并非那么紧迫，也许证券公司运用量化投资模型对股票收益进行预测并投资的案例更贴近我们的场景一些。然而无论是哪种场景，它们所运用的技术内核都是相仿的，即通过复杂的算法总结出可以泛化的规律，最终指导决策。

运用这些相对成熟的算法，我们也可以相对容易地对已有的流程经验进行总结，优化正在服务中的业务运行。实际上，在智能导航的能力基座铺设和操作过程中，我们更需要注意的是如何输入有质量的数据和选取合适的特征工程来提高模型性能。我们早在第 5 章就为读者展示了如何搭建一个坚实可靠的数据底座的方法，读者可以作为借鉴。在一个标准统一、数据集中存储、数据一致性高、查询与检索功能响应迅速且完备的能力底座的支持下，管理者可以更好地探究数据、筛选更有用的运作信息，为流程的推荐工作提供可靠的预测依据。

8.5 基于流程的决策推荐

预测是服务于改进和推荐的，当预测精度较低时，我们能对未来的业务走势有一个粗轮廓的预期。而当数据质量好，业务流程执行到位，所建立起来的流程模型成熟时，我们可以得到一个有较高预测精度的结果。凭借此，流程的智能导航，终于可以得以实现。

行车过程中，导航常常在分岔路口提醒我们是该左转还是右拐，在高架路口提醒我们保持直行还是进入匝道，哪怕是在一条直行到底的路上，导航也会提醒我们保持车速。在公司的管理和决策中，推荐与导航也是承担着这样的任务，在任何一个需要做出决策的端口，系统都可以提供一个可参照的业务方案并给出预期的风险和成果，助力管理者决策。

我们将做到进一步的智能导航运作逻辑可视化，如图 8.3 所示。

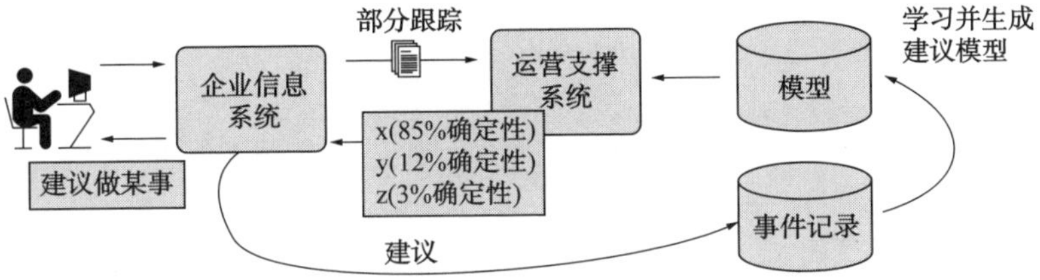

图 8.3　智能导航运作逻辑

系统由实际发生的业务数据所驱动，它依赖于生成和存储这些数据的企业信息系统。通过对过往案例日志的建模和学习过程，我们将生成能力不一的推荐模型，当模型能力较强时，我们可以将其与现有案例的部分追踪数据相结合，在运作支持系统中输出系统认为的流程推荐。生成的结果往往由对案例的推荐操作（x，y，z）和系统认为的对应操作是最优方案的可能性（85%，12%，3%）构成，尽管模型有了比较好的未来解释能力，但还有不少事件是突发的和难以预测的，因此还需要管理者决定对此结果的采纳和认可程度。在本例中，似乎针对此案例执行 x 操作就是一个不错的方案。

系统给出的推荐方案的实践效果与相应预测模型的精确程度密切相关。系统总是根据我们设定的价值判断给出操作上的建议，例如，我们希望流程的执行时间短、执行成本低，那么系统总是推荐它认为最短时间和最低成本的路径。而由图 8.3 可知，系统决策的依据是我们的预测结果，也就是说预测结果的精度在很大程度上决定了相应推荐模型的实践效果。结合高质量数据的能力底座，我们可以运用多领域知识尽可能搭建高质量推进模型，最大程度地支持管理决策。

我们始终认为，可靠的决策导航是商业智能的一大目标。流程挖掘平台的诞生为其创造了更好的生存环境，管理者不再被架空，总能通过数字孪生把握一线运作，通过科学的采集方法得到的高质量流程数据还能更好地支持预测模型发挥作用。无论是用数思路还是采集数据，流程挖掘为现有的商业智能运转提供了更可靠的技术和实践土壤。在第 9 章的物流与外呼决策中，相信读者也可以感受到这种直观的业务桥梁和可靠的数据体系为传统商业智能化落地带来的增长作用。

第9章 案例部分

9.1 案例背景

2020年，新冠疫情突如其来，线下的门店客流量骤然下降，各行各业的企业管理者们愈发重视线上的投入。在这种背景下，通信运营商纷纷快速调整策略，迅速布局线上客户发展。对于通信行业来说，线上业务的竞争非常激烈，各个运营商在移动号卡线上开通业务中，重点推出了互联网卡产品，互联网卡以大流量低资费优势获得了客户的认同，为了快速获得更多的客户，部分运营商采用了客户免费下单，即可获得价值20元的免费流量的销售政策。“0”元体验的政策，刺激客户井喷式涌入，过去的运作经验和线上订单处理能力在急剧扩充的业务量的冲击下，显得苍白无力。为铺开市场抢占先机，我们从上而下，紧急制定了“移动号卡线上业务开通七步法”流程，经过一个季度的开发和测试，在2020年5月正式上线。

业务的基础逻辑是：通过“0”元体验模式，代理商从线上获取客户；紧接着，企业依赖高效的流程将号卡以快递形式送达客户，并促进客户激活使用号卡。高效的流程和优质客户体验就是订单成功的关键，与之相对的总体激活率则是代理商和通信运营商的业务生命线。然而月度报表显示的激活转化率在25%便停滞不前，过低的转化率使得提供“0”元体验号卡订单的代理商怨声载道，一场关于如何提高激活转化率的拉锯战就此打响。

流程效率低、客户体验差是订单成不了、激活率上不去的重要原因。为了直接感知业务缺陷，我们首先组织内部员工以顾客的身份体验流程，然后以类似于步行穿越调查的方式来审视端到端流程，在对下单到激活端到端流程反复体验后，发现了一些问题，如：偶尔收不到下单成功短信、符合要求的实名认证申请却不能通过、快递效率不高导致顾客等待时间较长等。

企业经历了数字化1.0之后具备一定的流程分析能力。我们希望针对暴露出来的问题，通过“技术人员找数据、业务人员看数据，业务人员和技术人员一对一结对”的模式找到问题症结。然而这样面向问题搭建的跨职能小组分析作业失败了，例如我们总是抱怨某端到端流程的订单转化率过低。当组成了跨两个业务部门及信息技术部门的职能小组后，人们对此阶段转化率低的原因各执一词。因为信息技术部门提供的流程指标无法精细到订单处理的每个细节，面对综合的成本和时间指标，人们只能对当前流程做出模糊的假设。在问题分析会中，每个部门都可以提出“我认为…”“可能是…”这样的论调，当流程不够透明时，谁都不能说服谁。我们意识到，企业当前的信息技术系统不足以支撑更精细化的管理，当出现了新的流程时，人们难以在统一的认知下进行讨论，更难以真正发现和解决问题。数据分析是一场马拉松，数据分析的前期工作不仅繁琐还需要系统的分析探索框架，而企业在马拉松后期则可能面临着用数角度不对、与业务对接不当、不能发挥业务价值等问题。这项自主的业务流程分析工作，也受困于“不直观、人手不足、数据不准确”等问题，而不得不就此喊停。针对以上不直观的问题，我们开始寻找能将流程在系统中的数据进行动态可视化的技术，让业务人员可以看得懂；而对于数据不准确、人手不足的问题，公司希望能有新技术的引入，彻底改变现状。

于是，我们利用流程挖掘技术，开发了指针平台，对“七步法”流程进行了孪生、监控、智能驾驶，使整个激活转化率迅速提升至 60% 及以上，远远高于行业平均水平 40%。

为便于叙述，在本章我们将以外部分析团队的口吻，利用前序章节中描述的方法，详细阐述科学的流程运营工作为企业带来的利润点与持续改善活力。

9.2 组织职责及目标调研

我们以第 5 章的方法为纲领，首先明确企业的流程组织结构和职责分工，通过明确各部门及其角色在流程中的作用和职责，可以掌握流程执行的基本责任链以及流程的具体实施过程，这将是日后在讨论问题时的重要依据。

下面，我们围绕 H 公司移动号卡线上开通业务，进行了详细的组织与职责调研，明确流程涉及的业务部门，以及业务事件所对应的小团队乃至执行或负责的个人。

移动号卡线上开通业务主要涉及 4 个业务部门，分别是移动业务部、业务支撑部、订单处理部和外呼业务部，他们相对独立也相互关联，我们将从这四个部门的基本职责角度介绍组织架构。

移动业务部负责移动号卡业务的拓展，对移动号卡业务的发展目标负责。移动业务部通过寻找代理商来进行业务发展，代理商在线上投放广告，获取业务体验的客户信息表单并通过接口方式将客户信息表单提交给 H 公司，H 公司负责对客户进行激活转化，转化成功后，支付给代理商佣金。另外，该部门负责从表单进入系统开始到移动用户激活整个端到端流程的设计、执行和优化，该过程内部简称“移动业务线上开通七步法”。移动业务线上开通七步法后续有详细描述，在此不再赘述。

该部门的主要考核指标为移动号卡线上开通业务量和移动号卡激活率两个指标。移动号卡激活率是指每百个表单转化成正式客户（正式客户的标志是客户激活号卡）的比率。H 公司要求达到 45% 及以上。

业务支撑部控制整个表单的质量，确保发展客户的质量，即控制客户的合法合规。该部门内部设置一个专门的团队，负责更新和维护整个表单的拦截模型。他们在整个七步法中负责风险预审和合规控制两个步骤的执行并主要对风险控制指标负责。

订单处理部负责物流发货和实名审核两个步骤的执行，该部门负责与物流供应商签订合同，以及部门考核指标激活转化率达到 45%。

外呼业务部负责通过人工外呼或者机器人外呼或者人机联合外呼的方式，在地址核实、催签收和催激活步骤上与客户沟通，该部门的主要考核指标激活转化率也要达到 45%。

9.3 业务调研

在了解了组织架构后，我们对组织框架和基本业务模块也就有了粗轮廓了解，但离形成基本的业务共识还有一定距离，所以我们需要开展业务调研。

业务调研的主要目的是全面了解目标企业所涉及的各项业务流程，包括核心业务、支持性业务和管理流程，确保对企业运作有全面认知，并找出被系统隐藏起来的业务工序。另外，可以深入了解业务流程中的每个步骤和环节，从更细致的层面把握整个流程的运作，确保还原的流程模型准确完整，这也是流程挖掘信息全量化的重要保证。

移动业务线上开通七部法包含订单同步、订单预处理、地址核实、受理发货、物流签收、实名激活、开通竣工七个步骤。

步骤 1：订单同步

在该步骤中，代理商把在开放流量平台中获取的表单通过接口实时或非实时方式导入 H 公司在线服务管理平台（Online Service Management Platform，OSMP）该平台在系统调研中将有详细介绍。

步骤 2：订单预处理

该步骤主要的业务目标是拦截有涉案、涉诈风险的订单。业务支撑部内部设有专门的风险控制团队，该团队通过对历史客户数据的分析、建模，来实现对风险订单的自动拦截。也就是对每一个新的订单，系统都会进行风险评估，判断该订单激活后的风险指数，若发现风险指数超过一定的阈值，系统则自动将其订单转入不可挽救订单池。

步骤 3：地址核实

为了进一步控制成本，降低订单风险，H 公司会利用机器人自动外呼，与客户核对下单地址和联系号码，并再次确认用户的激活意愿及介绍新号卡的优惠政策。

步骤 4：受理发货

该步骤主要的目的是确保订单符合公司内外部管理的需要，主要是符合一证五卡要求，即每个身份证件最多只能办 5 张移动号卡，若超过了 5 张，系统自动将该表单导入不可挽救订单池；若一个身份证下没有超过 5 张，则进入物流发货步骤。

步骤 5：物流签收

H 公司在物流环节有 2 个合作伙伴，分别是 * 鸟和 * 丰两家物流公司，两家物流公司都与 H 公司 OSMP 系统通过接口方式相连，将用户签收信息实时反馈给H公司的OSMP系统，H公司会根据物流公司反馈的信息决定下一步的业务策略。两个物流公司在不同地区的履行时效和服务方式差异比较大，因此，顾客的服务感知不同，也会造成号卡激活率不同，与此同时，两家公司的单位物流服务价格也还存在较大的差异。物流成本是H公司主要的生产成本，也是是否能快速送达客户、提升激活率的重要环节，因此，如何进行物流发货决策是该流程重要的管理问题。

步骤6：实名激活

该步骤是用户激活的关键环节。实名激活是指客户收到号卡后，按照H公司实名小程序的提示完成上传身份证正面、反面，免冠照片，然后完成人脸识别认证。客户完成一系列操作后，身份证正面、反面和免冠照片送至后台，由专人负责审核，审核通过后将用户信息送给开通系统，完成开通工作，同时，用户身份信息在系统中存档，若没有通过，则反馈客户，通知客户重新实名。

为了提升客户感知和激活率，H公司后台有一支团队专门负责审核客户资料，基本可以确保客户上传资料后，1分钟内完成审核。当用户收到号卡时，物流公司会将号卡的状态发送至H公司OSMP系统，H公司根据系统返回的状态来决定是否对用户实施机器人外呼，该外呼在H公司称为“促激活外呼”，该外呼是在客户收到号卡一定时间后未激活时，促进客户激活号卡的机器人外呼服务，是提高激活率的营销手段。

作为电信服务的提供商，H公司为了保障顾客的满意度，在促激活外呼过程中需要在追求更高激活率和更低成本的同时考虑到是否过度打扰客户的问题。发货前后的机器人外呼，以及物流的时效等因素也会极大地影响到顾客的投诉或者激活意愿。何时进行外呼，外呼几次，如何评估用户的反应，这些问题都是公司管理中急需解决的问题。

步骤7：开通竣工

该步骤是业务主体流程完成后的系统激活环节。如果订单成功通过了实名认证步骤，则需移交后续系统，进行自动化的竣工操作。

9.4 业务痛点与流程优化目标

通过与H公司各个层面的人员进行访谈之后，归纳出以下几个痛点：

一是业务人员觉得工作被动。往往是客户投诉至客户服务热线之后，客户服务热线将问题反馈至业务部门，业务部门才知道客户侧出了问题，业务部门经过初步判断问题可能出现在哪个系统之后，将问题反馈给技术部门相关系统支撑人员，在支撑人员查阅系统后，将问题反馈至业务部门，业务部门就像二传手。

二是流程优化困难。由于移动业务线上开通业务涉及公司内部所有的部门，常常20~30人坐在一起讨论6~7个小时，对一个问题进行溯源，比如：为什么没有收到短信、为什么实名认证不能通过、为什么快递超时送达等。企业数字化之后，所有的流程全部在各个系统和平台中流转，业务运营人员找问题，所有系统和平台的技术人员必须协同参与，造成效率低下。长此以往，大家对问题习以为常，往往是头痛医头，脚痛医脚。

三是该流程涉及的部门和岗位很多，如何让这些岗位的人员协同好，共同确保流程的高效运行，是管理层应该重点关注的事项。

于是，流程优化的中短期目标就依此定下，即找出流程中出现堵点、卡点或耗时变长、流程返工变多的异常流程；找出导致异常出现的环节，提出优化解决建议。除此之外，系统还需要提供流程监控预警的功能，对出现堵点、卡点的订单进行提醒和预警，在未来的运作中做到及时发现、及时响应、及时处理，从而使敏捷的管理贯穿始终，最终移动号卡激活率达到45%及以上。

9.5 系统调研

流程涉及的系统主要为OSMP，该系统实现了和主流电商平台的对接，实现了多平台、多店铺、多仓库管理，通过 API 下载所有平台订单，智能高效进行订单处理，规范了仓储作业流程，实现了合理精准管控库存，系统功能架构如图 9.1 所示。

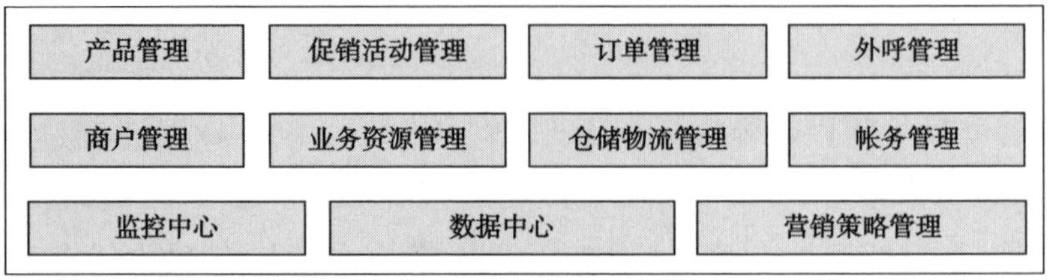

图 9.1　OSMP 系统功能架构

该系统和周边系统的关系如图 9.2 所示。

自营平台、信息流代理商、外呼平台都需要通过 OSMP 能力接口实现订单预处理校验、下单操作。而 OSMP 实现对订单的营业处理，并最终通过集团统一能力开放平台（EOP）实现正式单受理。

我们同样主张以图的形式展现系统间关系，而不是仅将这些知识留存于文本或技术人员的口口相传中。这既不利于知识的形象化保存，也不利于系统开发时，熟悉业务的人员和技术人员的交流沟通。通过图的形式，可以弥补这些不足，让每一个工作人员都清楚人机协同工作中的系统交互逻辑。

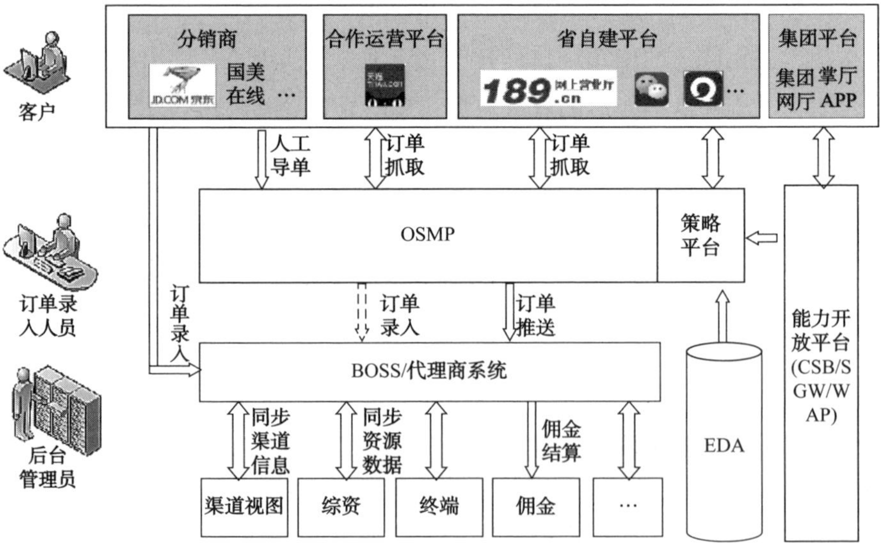

图 9.2　OSMP 系统和周边系统的关系

9.6 数字化流程的数据采集和流程还原

数据采集主要由数据勘察、流程日志数据处理规范、数据采集方案三个方面构成。结合业务与系统调研的知识，数据采集可以从上述三方面开展。

9.6.1 数据勘察

数据勘察主要从基础信息整理、数据整理两个方面展开。其中基础信息整理的目标是围绕流程挖掘需要什么，系统中有什么问题逐步展开的。数据整理需要厘清数据与事件的关系，并需要进一步思考在未来分析时所需要的维度。

基础信息整理

我们同样建议将基础信息整理的业务结果以图或表的形式展现。在H公司移动号卡线上开通业务中，可用的数据包括：订单相关数据、操作日志数据、接口调用日志、物流相关数据、商品编码数据、审核相关数据等。

一张表即对应了一个接口的数据，它们是案例在不同业务部门和不同流程事件中流转的数据体现。我们将各表所涵盖的主要内容（表描述）、在信息系统中的完整代号或简称（表名、别名）、表中所含字段举例（关键字段及枚举）整理于表9.1中。

表 9.1　基础信息表梳理

表描述	表名	别名	关键字段及枚举
操作日志表	hb_OSMP.tl_order_oper_log	T1	func_log_id 日志 id staff_id 操作工号 staff_name 操作员名称 func_code 功能编码 oper_remark 操作填写备注 sys_remark 系统备注 create_date 记录时间 update_date 最后更新时间

续表

表描述	表名	别名	关键字段及枚举
订单表	hb_OSMP.tf_bpc_order	T2	weborder：OSMP 订单号 other_weborder 第三方订单号 state 订单状态
自动受理表	hb_OSMP.tf_bpc_order_auto_accept	T3	result_message 处理结果描述 bussiness_type 自动受理类型
商品编码表	hb_OSMP.tf_ppm_offer_package	T4	package_code 商品编码 operate_state 运营状态
第三方激活表	hb_OSMP.tf_bpc_third_activate	T5	third_activity_id 序列 business_type 业务类型
物流表	hb_OSMP.tf_bpc_logistic_sign	T6	send_no 物流单号 sign_time 签收时间 logistic_name 物流公司 sign_state 物流状态 sign_update_date 物流最新时间 sub_sign_state 已签收子状态
物流明细表	hb_OSMP.tf_bpc_order_logistic	T7	first_logistic_dispatch_time 第一次物流派送时间 signing_method 签收方式
状态细节表	hb_OSMP.tf_bpc_order_detail	T8	state 状态
身份证表	hb_OSMP.tf_bpc_order_idcard	T9	idcard_no 身份证号
审核表	hb_OSMP.tf_aim_audit_group	T10	group_name 审核组名称
订单审核状态表	hb_OSMP.tf_bpc_order_real_audit	T11	audit_state： 审核状态 A： 待审核 Y： 审核通过 N： 审核不通过 in_audit_time： 每次进入实名制审核订单池时间 audit_count 审核次数
订单呼叫表	hb_OSMP.tf_bpc_business_order_call	T12	bo_call_id 呼叫结果

在对表的字段进行梳理之后，对表间的关系梳理如图 9.3 所示。

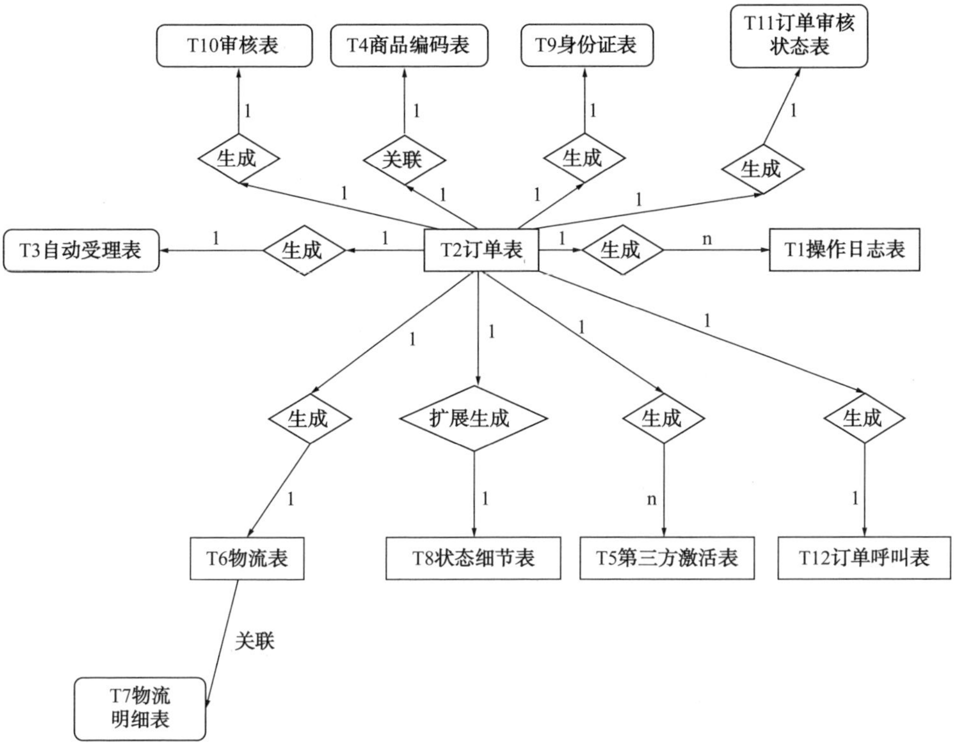

图 9.3 表间关系

数据整理

在基础信息整理的基础上，开展数据整理，数据整理有两个方面的内涵，包括事件整理和分析维度。其中事件整理是将可用的数据以事件的视角进行整理，是生成数字孪生的基础，需要精心整理数据的事件属性，才能生成粒度可粗可细的数字孪生图。而分析维度则是指我们需要在勘察数据时初步明确可用数据的分析价值，为流程分析找到基础的监控和分析方向。

在实践中，我们根据数据和分析需要，梳理了百余项业务事件。如：调用集团选号接口、省内拦截进入异常订单池、调用集团鉴权接口、进入待发货订单池、订单出异常订单池、挂定价竣工、仓库发货、已发货 T+1 短信、主订单竣工、催签收外呼反馈、调用集团订单提交接口、集团校验接口返回、进入实名制审核订单池、集团鉴权接口返回、催激活外呼、收货地址异常进入异常订单池、CRM 竣工推送客户新号码短信、CRM 竣工推送客户联系号码短信、调用集团校验接口、物流签收、物流出库的短信推送、催异常外呼、地址核实外呼、发送下单成功短信、集团选号接口返回、催激活外呼反馈、调用集团激活接口、地址核实外呼反馈、集团订单提交接口返回、集团激活接口返回、预处理、下单成功、订单取消等。

至于分析维度，则是对分析内容的初步思考，此处我们梳理了商品编码、物流公司、区域、代理商、配送方式、业务类型、触点类型、地址核实团队、异常处理团队、催激活团队等多个方面。在流程分析和团队分析中，这些维度将作为我们深挖数据价值的探索方向。

➲ 9.6.2 日志处理规范和数据采集方案

流程日志处理规范

通过建立日志处理规范，可以让数据的采集、清洗有迹可循，为后续的流程分析打下坚实基础。它旨在提高数据的一致性、完整性和可读性，力争提高处理数据的效率。

ETL、DWD、数据表命名是三个需要被讨论、明确和坚决执行的规范。其中，ETL 流程规范，规定的是用来描述将数据从来源端经过抽取（Extract）、转换（Transform）、加载（Load）至目的端的过程。DWD 日志表建模规范要求 DWD 日志表字段有四种类型，分别为：流程三要素字段（必须）、事件标记属性字段（若如果事件源来自单系统则非必须）、事件通用属性（非必须）、事件关联属性（非必须）。这两个规范都是通用的规范，我们在此不做赘述。

在数仓中命名也应遵循统一的命名规范，命名规则如：数仓前缀 _ 项目名 _ 业务域名 _ 表描述，如 ads_xn_mobile_logistic。

数仓前缀表述如下：公共维度表前缀：dim、数据明细层表前缀：dwd、数据中间层表前缀：dwm、数据应用层表前缀：ads、原始数据层表前缀：ods、临时表前缀：tmp（临时表会定期清理，禁止在生产系统中使用）。

这些规范的有效执行需要一线业务人员的支持，但在彻底落实后将为业务分析和决策提供可靠支持，赋能业务流程的改进和优化。

数据采集方案

根据如上规范，我们可以自然地生成如图 9.4 所示的数据采集方案。

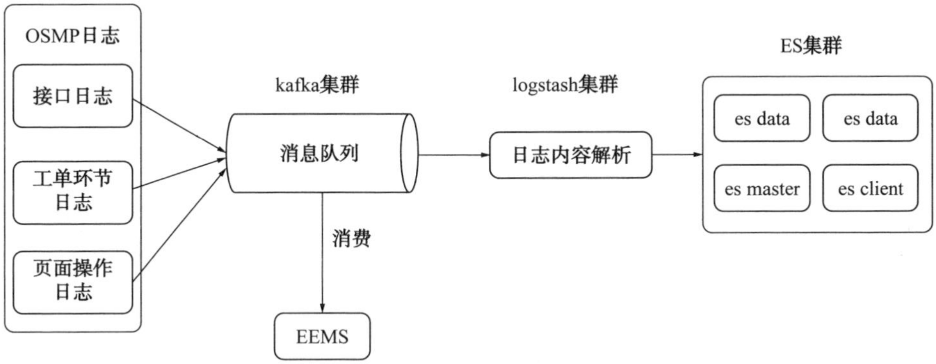

图 9.4 数据采集方案

通过将 OSMP 日志中的数据抽取到 Kafka 集群中，我们可以实现高吞吐、低延迟的数据流动。Kafka 集群是由 Apache Kafka 分布式消息队列系统组成的一组服务器集合。Kafka 是一个高吞吐量、低延迟的分布式消息队列系统，它可以处理大规模的实时数据流。Kafka 的目标是处理实时数据流的发布和订阅，以及处理流式数据的存储和分发。它的接入，可以让实时的数据处理和分析成为可能，同时 Logstash 集群的目标同样也是处理大规模的日志和数据流，两者协同将让这项工作更容易实现。最后，数据将流入 EMMS 系统和 ES 集群，它可以帮助我们实时地搜索和分析大规模数据。

9.6.3 流程还原

清洗过的数据导入指针平台，对实际在系统中运行的流程进行了写实，形成实时的业务流程流转图形。H 公司的业务人员第一次看到了移动号卡线上开通业务流程在系统中的运行状况，惊讶地称赞，指针平台就是一个 X 光机，让隐藏在系统中的流程快速显示出来。

通过图 9.5，我们可以清楚地看到事件名称，案例流转的路径、时长、转化率等概述信息。通过点选操作还可以截取子流程以更细粒度的事件与流程图比对，自此，通过系统还原的数字流程将作为实体流程的数字孪生在管理中发光发热，并在使用中不断地被打磨和自定义，助力公司的数字化转型以及在数字时代的流程管理。

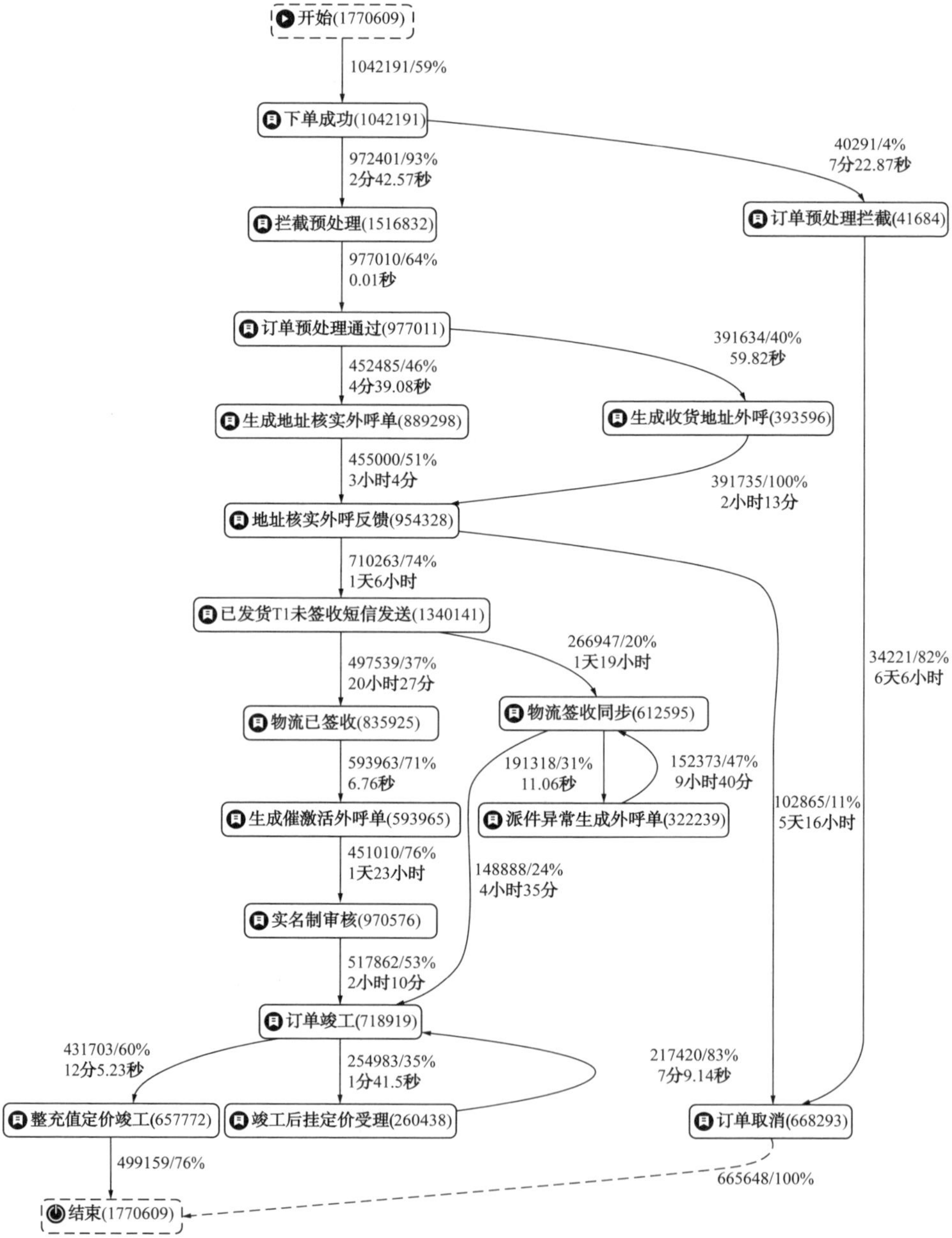

图 9.5　流程孪生示意

9.7 数字化流程的分析实践

企业在实际着手业务分析的过程中常常不知哪里是突破口，更没有明确的分析框架指导，迷失在数字游戏中。具体而言，企业时常面临以下一系列的分析问题。

1. 分析的切入点在哪里?

2. 这些指标是否合理，流程是否运作正常?

3. 我该怎样发现流程问题，这样的方法可持续吗……

此时，暂时摒弃复杂的指标体系，在锁定问题时先粗后细不失为一种直接但有效的方案，于是我们将流程的 KPI 作为切入点纳入监控，可以较快地把握流程中的关键环节。

首先我们对基于传统的流程分析框架与调研初步了解到的分析诉求，设立了表 9.2 所示的狭义流程分析体系。

由于 H 公司线上开通业务的主要目标是提高激活转化率、扩张用户群体、提高市场份额，因此，将激活转化率、订单量作为新的一类——数量，放到我们的分析对象中，对于流程成本和流程柔性来说，在延展部分补足了此方面的讨论。

表 9.2　狭义流程分析体系

分析对象	分析维度	关注指标	分析价值
数量	激活转化率	下钻维度： 1. 用户标签（性别、年龄、运营商、代理商、新老用户、省份、城市（级别）、产品属性、充值记录） 2. 行为标签（下单时间、已激活卡数、购卡未激活次数、办卡时间间隔、外呼未接通次数） 3. 偏好标签（渠道、产品） 4. 流程标签（流程（等待）时间、送达 / 激活时间、步骤数、外呼方式 / 时长、外呼 / 拦截反馈、配送方式）	1. 对比评估 2. 预测 3. 监控预警
	订单量	1. 新增订单与待处理订单随时间变化情况 2. 细化到关注的环节待处理订单变化情况（外呼、配送等环节）	

续表

分析对象	分析维度	关注指标	分析价值
质量	服务质量	1. 等待时间 2. 投诉次数 3. 顾客满意度 4. 一分钟快审及时率	1. 对比评估 2. 定标准 3. 监控预警
	订单质量	1. 集团腰部系统拦截率 2. 人工外呼的比率 3. 地址核实外呼次数 4. 集团新装鉴权拦截率 5. 未发货比率 6. 发货激活率 7. 七天激活率	
	流程质量	1. 价值流分析：价值增值时间比率 2. 流程规范性 3. 信息传递	
	流程流转质量	信息及订单的流程流转质量分析（平衡性、闭环性）	
	流程执行质量	业务规则执行不到位（软［地址核实］、硬［风险］）	
时间	流程时间	各流程时间的不同维度下钻	1. 对比评估 2. 定标准 3. 预测 4. 监控预警

9.7.1 端到端分析

在一条简单的生产线上，我们抬头看效益看板的时候，很容易找到那个最不熟练的员工；在餐厅里，若是你有意，也可以很快发现哪个服务员最熟练业务，精干老练。然而在桌前，管理者面对各部门提交的报表却很难一眼发现业务流程中的瓶颈。但现在，通过数字孪生，我们很容易实现实时发现业务重点，锁定改进方向，如图 9.6 所示。

这是一张从发货到订单流出系统的简化版流程孪生示意图。我们可以概述整个流程情况：订单基本完成了达站作业（97.91%），并在项目初期可以实现 46.82% 的发货激活率。更细节的，我们可以发现两个关键的事件节点：达站和签收。在达站的订单中，刚刚过半（56.66%）的订单被客户成功签收，剩下的大部分订单都被转入了派件异常的状态，表示无法直接联系上客户，也有客户直接表示不愿意签收即直接来到未签收环节（6.18%）。若是订单不被签收，更别谈激活和效益了，因此不同的子节点，对激活率的影响很大，这让我们在后续的工作中开始关注到外部物流运作的问题，如：物流公司该在哪个时间节点配送这些订单，该由哪个公司配送该订单可以提高订单被正常签收的概率等。在签收中我们可以看到，通过面对面或盲投的订单在激活

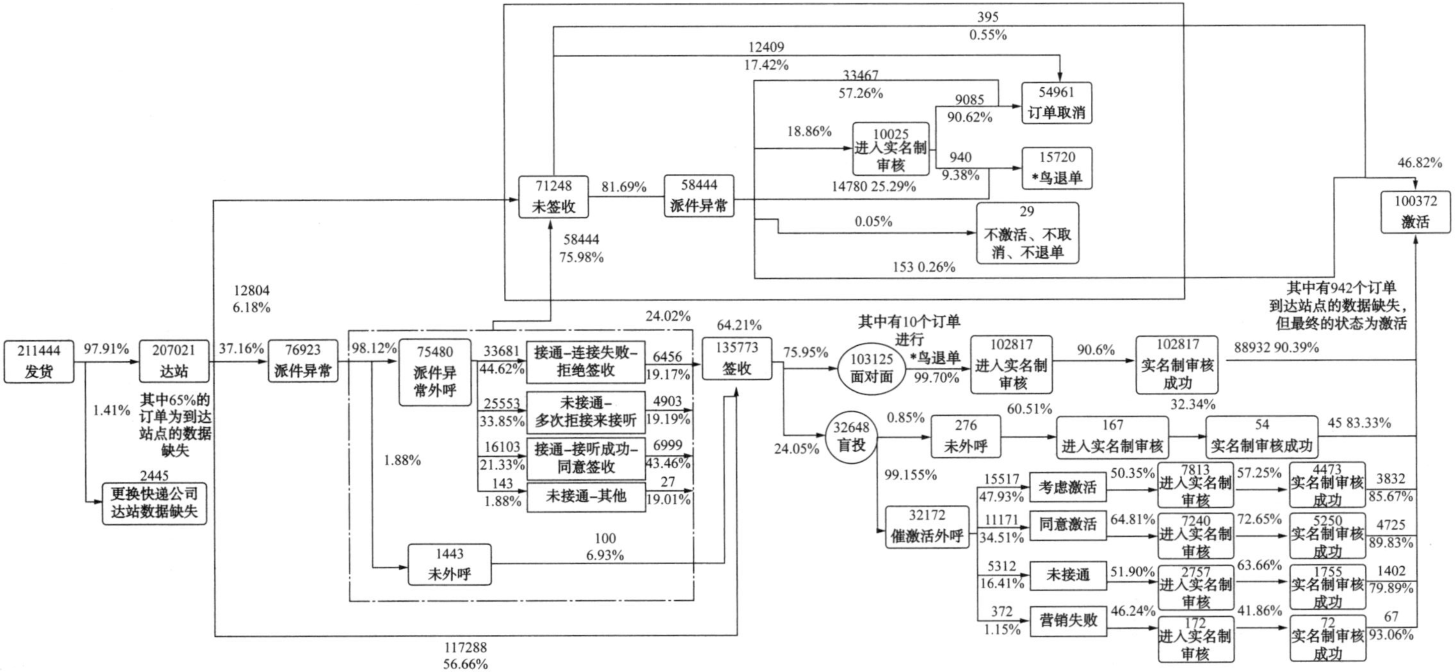

图 9.6　发货后损单分析框架图

率上的表现有较大差异。因此同样可以引出：物流公司该在哪个时间节点配送这些订单，该由哪个公司配送该订单可以提高面对面投递比率的问题。这些问题将在“物流发货策略优化”中得到回答。与此同时，我们还发现业务整体流程的激活率在此时间段内不足 50%，还有比较大的优化空间，我们可以从针对订单量和激活率的数量分析入手，探讨业务是否存在瓶颈。

9.7.2 数量分析

首先我们从订单量与激活率的关系开始分析，具体数据如图 9.7 所示。

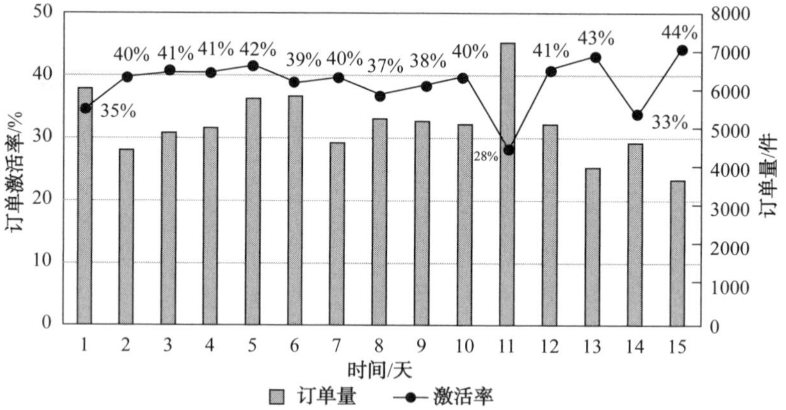

图 9.7 订单量和激活率变化图

与线下渠道交易不同的是，线上订单在导入与实际完成的时间节点上可能存在较大的跨度，我们在绘制上图时选取了一个月以前流入的数据。我们截取了 15 天的数据（横坐标表示），绘制了订单量和激活率变化图。

直接读图我们可以看到，在第 1 天与第 11 天订单量激增，15 天内订单量流入并不稳定；而观激活率的变动情况，我们发现，在第 1 天、第 11 天、第 14 天发生了较大的向下波动。综合上述在订单量和激活转化率中的发现，我们可以初步得出订单量的激增可能会伴随着激活转化率下跌的情况。直觉上，我们无法建立起这两者间此消彼长的关系。可能是巧合，也可能存在我们未曾关注到的内外部漏洞，使得这样的情况发生，正如我们所判断的一样，对于这两个对象的分析定位仅是发现问题的“探针”。要真正确定存在的问题，并锁定问题症结则需要深挖下去，即下钻工作。

订单的引入主要由外部代理商来执行，因此，我们将分析的对象向上拓展，到代理商订单导入的层面，即将流程分析的对象拓宽到公司外。于是，代理商自然而然地成为了我们第一个下钻维度。主要的代理商有三个，分别是 A、B 及 C（在此，为了避免对代理商产生影响，略去了代理商的名字，以字母来表示）。为检验结论的稳健性我们将样本范围拓宽到了 60 天左右，见图 9.8。

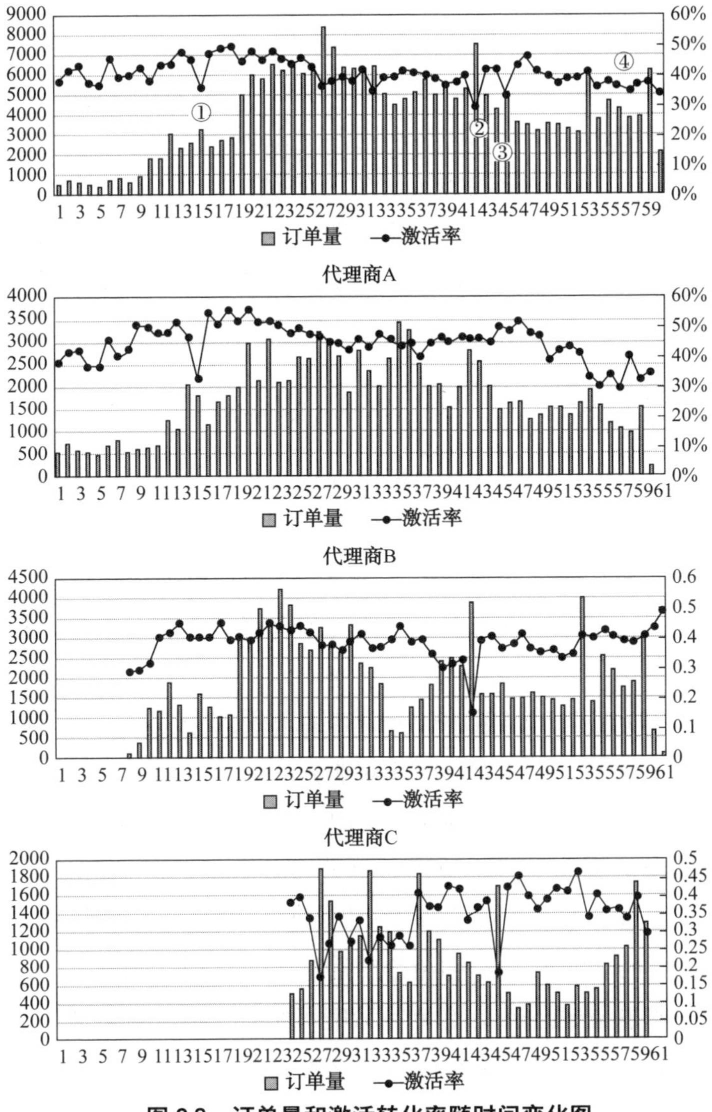

图 9.8　订单量和激活转化率随时间变化图

从图中我们可以观测到：有 3 天（标号①～③）均有发生订单量相对提高，但激活率下降的情况。相应的，在各代理商的图表中，我们也发现了对应的原因，第 15 天的波动源自 A；第 42 天的波动主要来自 B；第 45 天的波动则来自 C。虽然在综合的图表中，激活率在最后几天（标号④）尚未有明显波动，但在划分了代理商后我们仍可以发现，A 与 B 的订单表现在这几天各有不同，前者上升的趋势与后者下降的趋势相互抵消，导致了激活率相对平稳的态势。

总结我们关于激活率与订单量的分析，我们将大致流程与作用概括如下。

（1）选取 KPI 相关的数量指标进行纵向的呈现，发现重点关注日期。

（2）关注其他维度的流程指标（如订单量），做同样的纵向呈现，发现关联性。

（3）选取更大范围的数据验证关联性，选取恰当的仪表盘予以监控和保存。

通过对上述两种指标进行纵向的可视化呈现，我们很容易地发现了业务指标互相关联的特征，最终锁定问题根源——外部代理商业务波动。此发现为企业提供了考核代理商的管理新方向，为流程治理提供了新的思路。

仪表盘的配置指南

在本例中，我们仅对两个数量指标进行监测即找到了需要持续跟进的业务方向，有读者可能已经注意到发现这样一对业务指标或针对一个指标发现不同的业务维度工作的重要性。在实操中要想每次都能恰巧选到订单量与激活率这样有价值的指标并不现实。如何配置仪表盘，并纳入持续监控是本节要讨论的问题。

最容易操作也是当下实践中较为常用的方法即专家法。在历年的业务经营中，一线人员或部门管理人员往往对业务的关键点较为熟悉，可能通过访谈他们就能知道代理商有间歇性做大订单量牟取利益的动机，虚假的订单自然会导致总体激活率的下降，使得订单量和激活率间存在此消彼长的趋势。然而这样的方法也存在着不够全面、视野受限，甚至滞后的弊端。若能形成经验，一项流程问题必然已经对业务产生了显著影响且曾被讨论过，也就是说这样获得的监控角度必然受限于当前知识水平。而我们采用了其他补充的手段进行分析后，也可以获得有价值的仪表盘配置方向，通过代码实现，繁琐的工作也可以做到友好且自动化的输出。

我们采用了这样一种基于相关性的仪表盘配置指南。在本案例中，订单量与激活率存在着负相关关系，订单量与代理商也存在着相关性关系，更普遍地说，如果一对业务维度（激活率与订单量/代理商）相互有影响的话，那两者间总存在着相关性。基于此，我们只需要将当前流程中各式各样的指标与核心 KPI 指标一一匹配，并逐对计算相关性，我们即可选取出适合作为仪表盘配置的指标对。实际上，我们在未曾展示的工作中，就事先对订单量与激活率做了皮尔逊相关性分析，已经在统计学意义上印证了两者间存在着相关性关系。统计学上不乏这样的相关性检验工具，皮尔逊相关性检验只是其中一种，他主要检验正态总体的数值型变量间是否存在线性相关性关系，还有针对双分类变量的卡方检验，针对多自变量的回归分析等。这类基于统计学相关性检验的探索性分析方法很好地帮我们发现了流程指标间的相关性，基于此我们还额外发现了激活率指标在订单配送地区、物流公司选取、下单时间、经济发达程度等指标上存在相关性，为业务提供了指导。该方法拓宽了专家法的视野，着重探究关键 KPI 指标和其他运作属性的相关性，对发现新的业务增长点有重要价值，我们也因此发现了订单量与激活率的负相关关系，在深入探究的同时，还可以在仪表盘的指标配置工作中起到指导意义。

9.7.3 质量分析

在上一节中，我们讨论了针对激活率和订单量的数量分析，仪表盘的探索性配置，以及如何联合运用配置好的仪表盘得出业务启示的问题。他们都是针对流程核心表现指标——激活率的分析。要更精确地锁定问题，验证上述发现的因果性，最终根据因果性改善流程，实现业务增值，我们还需要进行质量分析。

质量分析的分析对象是质量指标，它直接反映了某子流程的运作质量。因为在数量分析中，我们已经可以将流程核心指标的波动锁定在某项子流程中，对该流程的多个质量指标进行深入挖掘即可找到影响 KPI 的关键质量因素。如上文提到的激活率随订单量的波动被初步锁定在订单流入上，这即对应着纯粹的数量分析。明确了相关性、缩小了分析范围但却不能明确因果性，难以直接指导业务改进。

影响订单流入的重要指标是代理商，不同代理商的订单在后续流程上并无明显的差异，因此代理商可以被视为反映订单质量的一个指标，而最终也将问题锁定在了订单质量而非订单的绝对数量上。这一部分分析实际上是锁定问题根源，验证因果性的质量分析。

为使得数量分析与质量分析的目标与关联性更加明确，本节将在互联网号卡的中微观流程的案例中解释两者的关联性。同样是始于激活率指标，我们发现发 * 丰速运（简称“* 丰”）与 * 鸟物流（简称“* 鸟”）的订单存在激活率上的差异（见表 9.3），且这样的差异在统计学意义上是显著的。

表 9.3　不同物流的激活率差异

物流	* 丰速运	* 鸟物流
激活率	47.36%	45.45%

基于此结论，我们只能说某订单的激活率与其发 * 丰速运或 * 鸟物流有关。若要涉及业务流程改进，且不考虑成本等其他因素，我们也只能提出：“因为订单的激活率与其发送的物流公司有关，建议多发 * 丰”的指导意见；抑或是提出“* 鸟应该向 * 丰‘学习’提高激活率，不要浪费订单”如此这般的要求。显然这样的要求并不具有很强的操作性，也没有令人信服的理由。

* 鸟大可以回复“我们已经尽力了”，而后表示难做改进。究其根本，还是在于数量指标太过综合，在把控流程问题的大方向上或许效果不错，但不能回答如：问题是否真的存在，是否有因果性，具体该如何改进等。为解答上述问题，我们针对物流派送的时间节点这个质量指标进行了分析，找到了两者运作上的差异。

我们将两物流公司的号卡签收时间作密度分布图（见图 9.9），可发现，* 丰的派件签收时点集中在 8—10 点及 14—18 点，有比较明显的两个波峰，且平均的签收时点也早于 * 鸟。* 丰积极的派送策略与契合客户空闲时间点的弹性派件时点选择使得他能更快、更好满足顾客需求地将号卡在恰当的时间点派送给顾客，因而可能造就激活率上的差异。基于此我们便可以向外部的物流团队提出更详细、更具有操作性的指导意见。若得到肯定的合作意向后，可以观测后续的业务改进情况即激活率指标变动情况，考虑保持新的流程运作逻辑对双方是否有利。

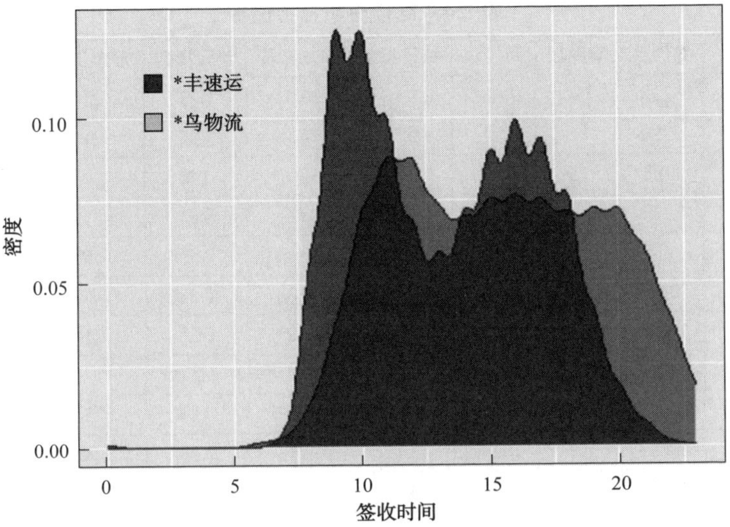

图 9.9 签收时间分布图

至此，流程分析已经完成了它的使命。我们发现了不同团队间在相同流程执行上的运作差异。在“鸟瞰”中锁定问题，发现进一步细化的方向，服务于一线人员的管理和运作，是流程分析的初衷。我们也将在团队分析中，从一线运作的视角对两个团队在不同的业务环境中的表现进行细化的分析，改进流程。

9.8 数字化流程的路径分析实践

9.8.1 路径描述

无论是数量分析还是质量分析，都是专注于端到端流程的综合业务能力。要让每个部门都心服口服，我们还可以利用流程挖掘平台提供的更精细化监控工具，如本节将要讨论的路径描述与分析。我们选取了案例数、事件数、路径数等基础指标，辅以路径指数、步骤指数等综合指标对路径数的波动进行纵向的监控管理。以月份为一个样本，我们截取了十二个月的样例数据如表 9.4 所示。

表 9.4　路径分析监控面板

时间	案例数	事件数	路径数	路径指数	平均步骤	步骤指数	最大步骤数	最小步骤数
十二个月	682288	160	284231	0.26	34.36	0.21	2183	1
2021 年 7 月	2920	86	1847	0.74	34.18	0.40	71	4
2021 年 8 月	1188	75	807	0.91	33.32	0.44	73	4
2021 年 9 月	356	69	268	1.09	28.45	0.41	59	1
2021 年 10 月	592	75	497	1.12	29.32	0.39	65	4
2021 年 11 月	20475	88	7926	0.44	28.88	0.33	364	4
2021 年 12 月	37086	103	11428	0.30	30.91	0.30	1149	1
2022 年 1 月	144895	113	47594	0.29	30.41	0.27	1256	4
2022 年 2 月	150438	104	57267	0.37	30.53	0.29	1502	4
2022 年 3 月	48163	106	18790	0.37	30.18	0.28	965	4
2022 年 4 月	28320	106	15333	0.51	34.95	0.33	1269	4
2022 年 5 月	115764	125	67133	0.46	46.91	0.38	1467	4
2022 年 6 月	132091	134	74022	0.42	35.32	0.26	2183	3

这十二个月间，路径数的体量十分庞大，这是全量化保存业务路径所致的必然结果。当一个案例经历的事件顺序、次数（包括循环次数）不同时，我们均将其经历的业务路径划归为了新的一类。根据定义，显然路径数不是一个很好的指标，它受到案例数与事件数的影响，由此我们定义了“路径指数”与“步骤指数”（路径指数和步骤指数的定义见第 6 章），在一定程度上剔除其影响，对流程的变动进行监控。将这两个指标可视化后，我们很容易捕捉到业务实现过程中业务路径变化情况。路径数及路径指数变化如图 9.10 所示。

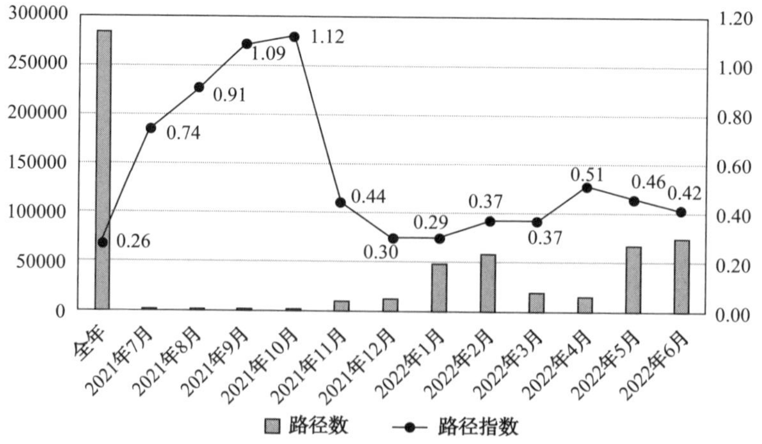

图 9.10　路径数与路径指数波动

2021年7~10月是项目的筹备阶段，企业仅保存了较少数的流程数据，可以稍作参考。从项目正式开始调研起，项目数据得到了较好的保存和接入。按月统计的业务路径数和路径指数，它在一定程度上反馈了H公司号卡订单流入公司到订单实现或者流出系统流程的实际执行情况。在统计模型中，路径是各个业务事件单元的有序组合。当一个事件有多个后续可能子事件或当一个订单在某个事件上发生了返工时，路径数和路径指数都会上升。由图可知，路径数和路径指数变化较大，流程的标准化程度不足。关注到当外界环境发生收缩性变化时（2022年3月和2022年4月），路径数虽然下降了，但路径指数却呈现上升趋势，反映了企业在相应业务场景下的预案不足，在事件库未发生变动的情况下，路径指数的波动取决于路径数和案例数的比值，该指数出现上升则表明这两个月路径数的上升趋势超过了案例数的上升趋势，可能是产生了许多返工与分叉。而当业务复苏时，这样的趋势被稀释，路径指数开始回到原有水平。类似地，对平均步骤和步骤指数的监控也可以发现业务的变动趋势。

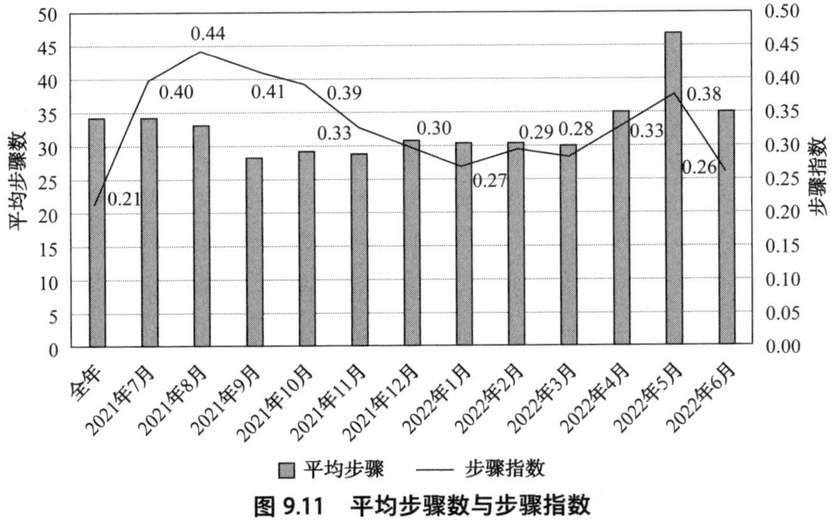

图9.11　平均步骤数与步骤指数

图9.11呈现了平均步骤数的变动情况，相较于路径数，可以看到平均步骤数存在波动，但较为平缓。当我们同时关注到在2022年3月和4月的路径数时，可以看到它并未产生明显的波动，步骤指数也呈现了类似的平稳特征。基于业务流程设计并未发生显著变化的认知上，我们可以推断，在这两个月的外部事件波动并未造成更多的返工情况，而是增加了许多新的路径，这阶

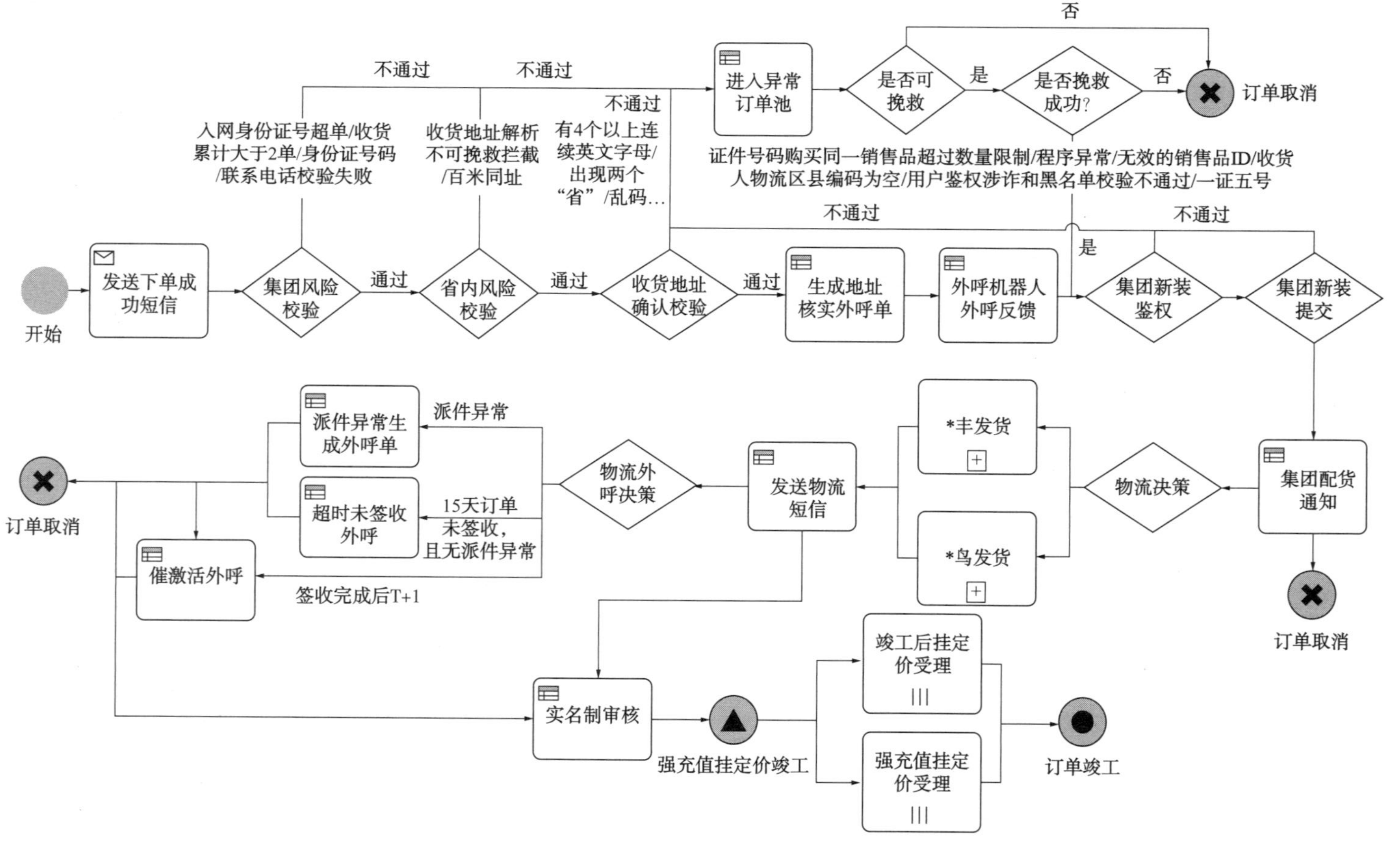

图 9.12　BPMN 业务模型

段的市场冲击使得业务产生了更多的场景，需要关注这些新的业务路径是否必要，从而规范业务。

以上是基于路径和步骤角度的简单分析思路，我们知道路径指数和步骤指数并不是一对完美的指标，它们只是对整体流程的常规化监控手段，可以发现业务整体上的问题。对于需要精准监控，重点治理的端到端微观流程，我们还有新的指标设定，将在后续章节介绍。

通过关注步骤指数与路径指数，我们可以看到两者都是经历了先增后减的变化趋势。分别对应了在实际业务治理中发生的两大事件，一是在流程孪生的管理粒度上提出的更细要求与新加的业务流程单元；二是如火如荼进行的业务流程治理活动。前者将会对两个指数产生正向影响，而后者则会对指数产生负向的影响；指标呈现的先增后减的波动也与实际的业务改善情况相一致。

以上结果都是在总体上对业务流程规范性进行的观测。如何对全量化的路径数据进行合适的处理，进而改进业务才是管理者最为关注的价值点。路径的结构管理是一个不错的方向，也是我们在分析业务中探索出的一大法门。

9.8.2 筛选不合规路径

结合流程设计和流程实际运行情况的结果，我们可以得出如图 9.12 所示的 BPMN 业务模型。

它着重强调了案例在不同事件间的流转顺序，并描绘了案例在某项事件后的所有标准的可能流向。通过将人机交互的流程中被隐藏起来的业务逻辑进行可视化，可以帮助管理人员对现有的业务逻辑建立起良好的认知，也可以帮助技术人员在流程挖掘系统中建立起更科学的识别模型，将不合规的路径识别出来。

一个良好的路径分类模型可以自动识别不合规路径，并予以预警。更为详细的流程预警项设置思路框架我们已经在第 8 章中展示，其预警成效我们将在后续小节展示，此节我们将更多地呈现非常规路径的筛选与分析逻辑。

对于任意一条合规路径，我们都可以计算它与“主路径”集的相似度均值；并以此为依据排序路径，我们可以很容易地绘制出如图 9.13 所示的柱状图（样图）。

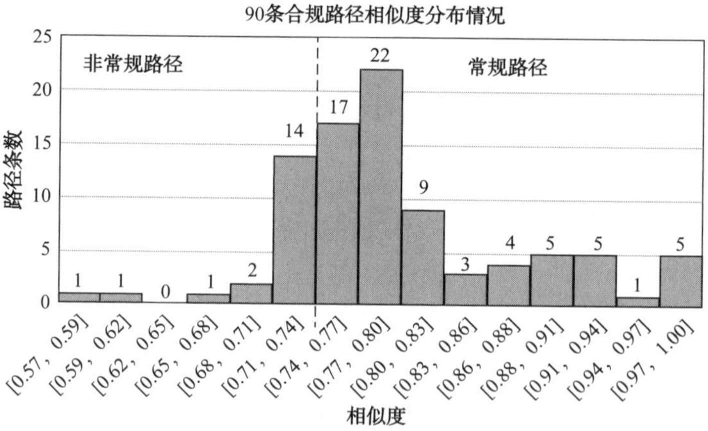

图 9.13　常规路径划分示意图

根据 20–80 法则，我们划分出了常规路径与非常规路径集合。将相似度最低的后 20% 所对应的路径作为非常规路径集合着重关注分析。此时调用案例的路径情况，我们往往都会看到出现返工、重复较多的路径图，如图 9.14 所示。

通过指针平台，我们可以很清晰地看到业务路径的返工情况，进而针对性地开展整治行动。通过对非常规路径的分析，我们能很快地锁定易返工等异常路径的运作情况。通过针对性地跟进，企业或可对业务进行规范，或可改动流程设计从架构上改善流程，提升服务质量。

9.9 数字化流程的智能预警示例

前文讨论的各种分析手段都是在事后发现问题并及时解决。然而企业所追求的更高目标是防患于未然，即在问题发生的一线设置监控卡点。本节我们将对数字化流程的智能预警展开探索。在整个项目的实践中，流程的智能预警用的非常广泛，限于篇幅原因，笔者在此仅用一个实际案例来说明如何通过流程预警实现流程优化、降本增效。为了讲清楚这个预警，我们首先要来介绍一下背景。这个预警应用在 * 鸟分仓发货业务中。

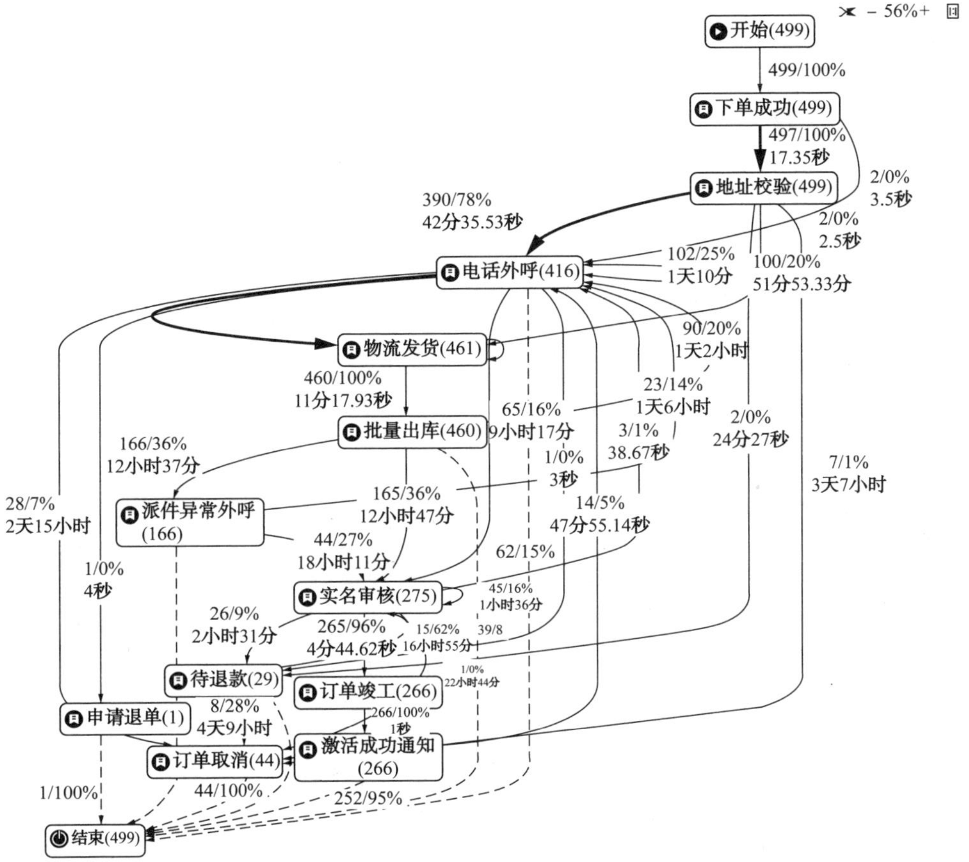

图 9.14　问题案例路径图

＊鸟具有成本低、分仓多、发货速度快等优势，为了充分发挥其优势，H公司和＊鸟物流一致同意上线白卡前置分仓发货模式，即：将移动白卡前置部署到物流公司分布全国的分仓，在分仓直接生产配卡，减少了从中心仓到分仓的物流成本和在途时间。业务人员给出的流程如图 9.15 所示。

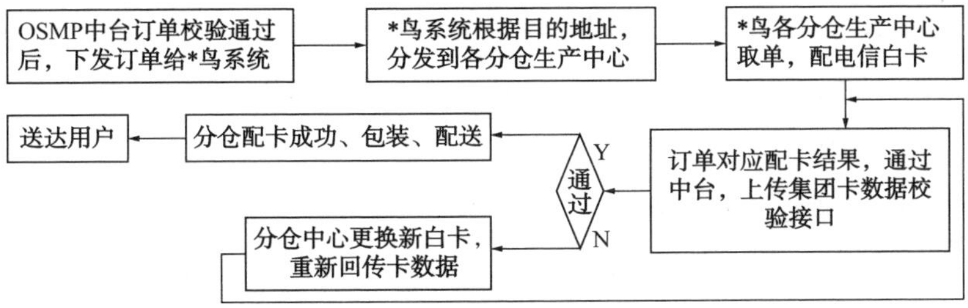

图 9.15　发货送达流程示意图

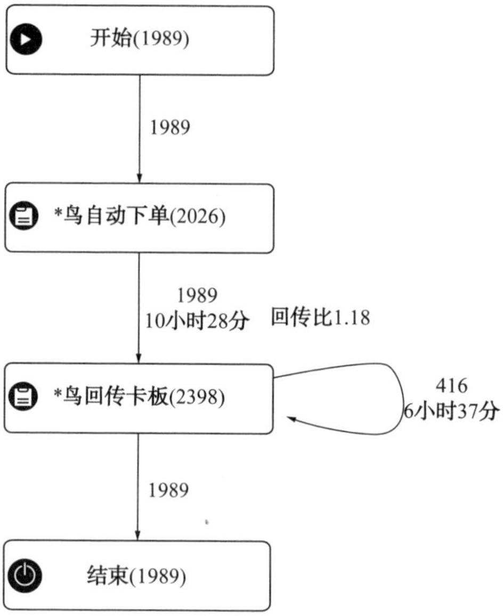

图 9.16 省内发货期间流程监控情况

H 公司技术部门在系统中正式上线 * 鸟分仓发货模式，此时仅覆盖省内的发货订单。在这期间，系统运营较为稳定。采用指针平台，对这段时间的 * 鸟发货流程进行还原，流程监控情况如图 9.16 所示。

其中 * 鸟回传卡板环节的回传比计算公式为：回传卡板数据量 / 下单量，正常情况下，回传比的数值应该是接近 1，即每一个订单只回传一次。回传比越高，说明卡板配置失败次数越多，每次失败都会浪费一张卡板，属于异常情况。为了确保服务质量，H 公司业务人员在指针中设置了回传比智能预警，若回传比高于 2，就会提示业务人员关注该流程的运行情况。在省内发货期间，通过指针还原的流程情况显示，* 鸟回传比为 1.18，处于正常范围内。

经过一段时间的省内分仓发货运行，双方认为质量可控，* 鸟分仓发货模式开始覆盖到全国订单，同样采用指针，对这段时间内的发货流程进行可视化还原、国内发货期间流程监控情况如图 9.17 所示，从图中可以看出，* 鸟回传卡板环节的回传比远高于 1，有一段期间的回传比甚至高达 12.18。

指针平台预警业务人员回传比过高，上传集团卡数据校验接口这一步骤中出现了多次重复。

技术人员定位问题，发现回传比上升的原因为覆盖到全国区域后，订单量上涨，号卡校验接口被频繁调用，接口调用失败率上升，导致校验通不过，反馈 * 鸟后，* 鸟分仓人员重新配卡上传，进一步增加号卡校验接口压力，失败率更高，形成恶性循环。然而对系统进行扩容需要花费的成本与时间较多。

针对这一问题，相关业务人员提出：只要在用户收到号卡前，卡板校验通过，用户即可正常激活。也就是说，可以将卡板校验这一动作适当后置，优化相对应的流程即可解决这一棘手的问题。

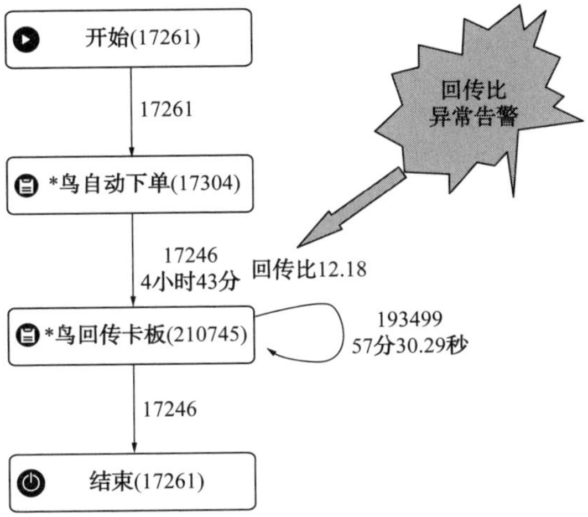

图 9.17　国内发货期间流程监控情况

最终，集合各部门的建议，提出了流程优化方案如下：(1) * 鸟分仓中心执行配卡动作后，系统将卡数据回传 OSMP 中台，同时，物流人员正常封包、进入物流配发货流程。与原流程不同的是，不需要等待上传集团接口是否通过，订单一律进入后续的物流发货流程。(2) OSMP 中台收到卡数据，提交号卡校验接口验证，若验证失败，改变原有模式（立刻重调接口），进入等待状态，等待至集团卡板接口调用成功率达到正常值以后，再发起重新校验申请。若在这种情况下依旧校验未通过，再对发货物流订单进行召回。在实际情况下出现这种情况的概率较低，因此并不会损失较多的物流成本。优化后的流程图如图 9.18 所示。

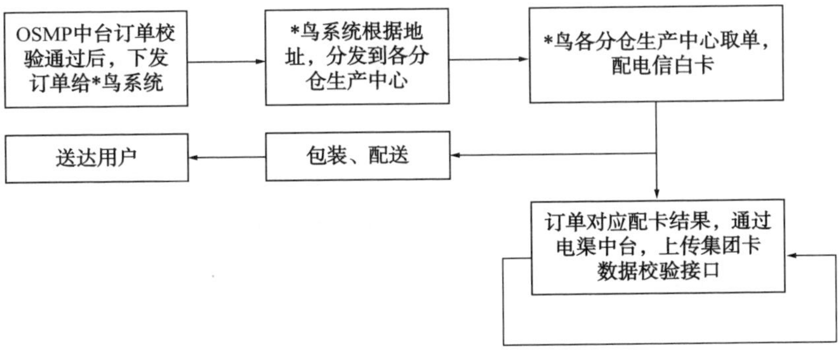

图 9.18　优化后的分仓发货流程

在流程优化后，再次观察指针的数据，对 * 鸟分仓的发货流程进行可视化监控，优化后的流程监控情况如图 9.19 所示。

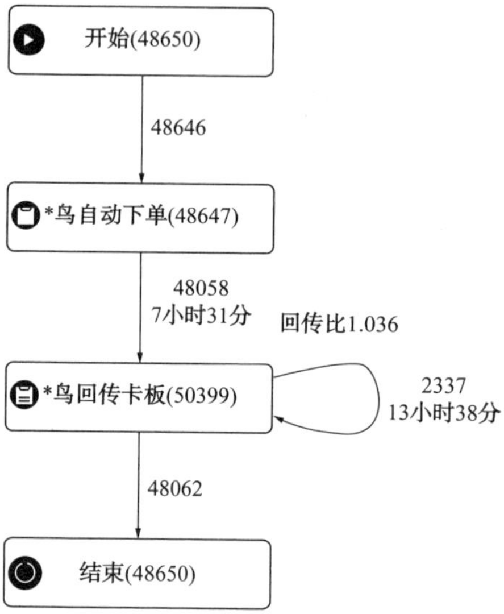

图 9.19　优化后的流程监控情况

经过测算，在流程优化后，产生了较大的流程效益、成本效益与系统效益。首先，在 * 鸟分仓合作的省外区域，相比 * 丰配送，号卡的送达时间提前了 24 小时，激活率提升了 3%~5%（流程效益）。其次，由于系统操作比较顺畅，大大降低了 * 鸟分仓人员的工作强度和难度，以及合作门槛，鉴于此，* 鸟发货已经占到全量发货的 40%，在 * 鸟分仓合作区域，物流费用下降了 50%，按照每天 1 万单来计算，每天节约成本 2 万元，全年节约 700 多万元（成本效益）。卡板号回传比由 12.18 下降为 1.036，极大节省了系统开销，降低了扩容带来的成本（系统效益）。通过这一实例可以充分展现出，流程挖掘技术对实际业务流程的可视化还原并对其进行监控，可以让业务人员及时发现流程中的问题，从而积极参与到流程优化中，为企业创造流程效益、经济效益与系统效益。

9.10　数字化流程的仿真示例

在本节，我们利用指针流程仿真模块服务针对多个场景进行了流程仿真。在该模块，用户可以看到某端到端流程现有的工作状况，并对现有的运作策略进行调整模拟，帮助企业回答“这样做了，业绩会如何变化”的问题。我们同样以 H 公司为例，假设 H 公司针对不同画像的客户，分别选用 * 鸟物流和 * 丰速运，现阶段发货的比例为 3∶2（参考图 9.20）。但由于 * 鸟最近降低了客单价，H 公司需要模拟调整 * 鸟的发货比例至 80%。我们知道，不同物流会影响消费者的服务感知，切换到 * 鸟物流虽然可以降低成本，但订单的激活率会下降。为了回答“公司将 * 鸟发货比例调高后将如何影响业务的最终表现”这个问题，我们需要进行流程仿真如图 9.21，我们可以通过以往的业绩表现模拟出将 * 鸟发货比例调整到 80% 的业务场景下，公司可能的业绩表现。

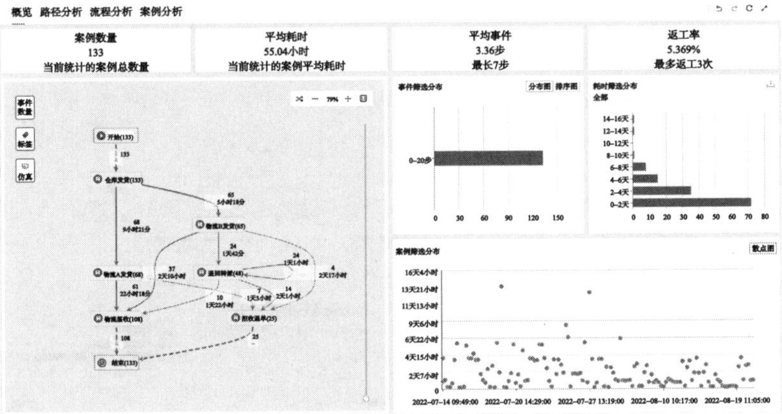

图 9.20　原始流程

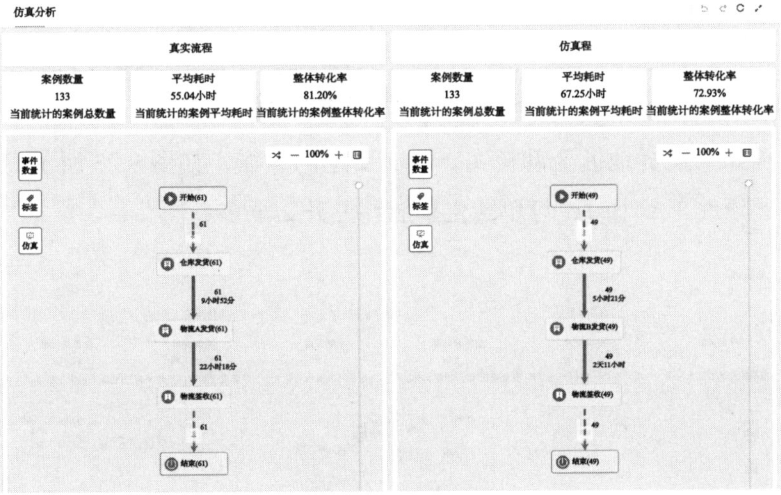

图 9.21　仿真流程

通过对方案调整后的参数进行建模分析，可以得出以下结论：* 鸟发货比 * 丰慢，调整后发货整体耗时会增加 12 小时；* 鸟调整单价后，平均每单物流环节成本降低 28%。而由于 * 丰发得快用户签收比较及时，退单率较低，换成 * 鸟会导致转化率下降约 8 个点。

同样是 H 公司，最近“退单重派”率有显著的上升。通过流程挖掘发现，订单退回重派是由于最近更换了新的售后客服，对业务不太熟悉，致使一些实际地址和登记地址不同的客户未经过核实就直接派单，最终造成快件需要回收重新派单。重新派单的快件不仅浪费成本，而且因为派单时间过长，用户不能及时拿到商品，转而寻找其他购买途径，导致拒收概率极大。

通过流程仿真，我们模拟了订单地址全部加入核实，保证每一单都能一次派送到正确地点的情况，如图 9.22 所示。

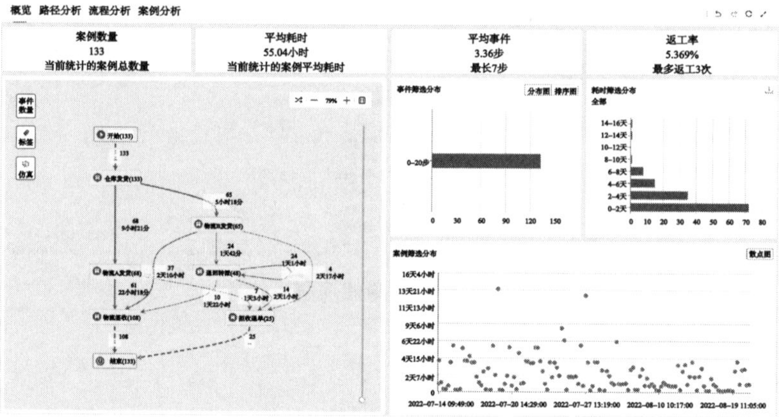

图 9.22　加入核实后的仿真

发现如果发货地址全部核实，不需要退回重派，如图 9.23 所示。整体耗时均值下降近 3 个小时，订单转化率能够上升 2 个多点。

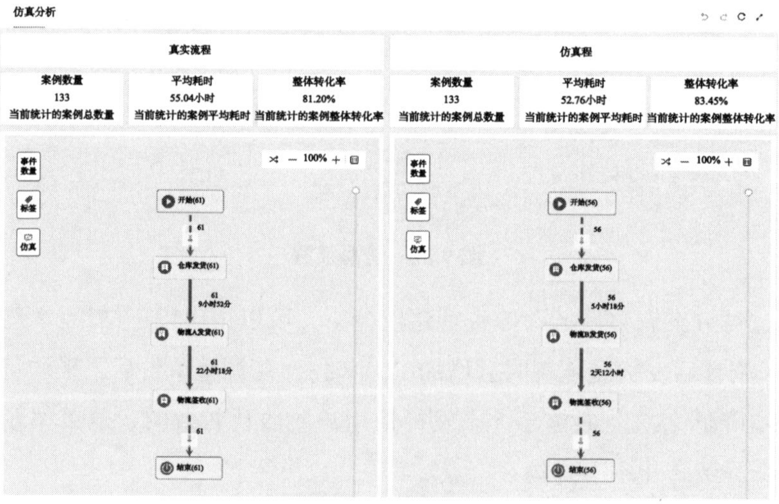

图 9.23　仿真结果

于是管理层可以基于上面的仿真效果决定是否调整物流、运营策略，以及如何调整能改善流程执行的效果。

9.11 数字化流程的导航驾驶案例——发货拦截策略

在我们的分析框架中，按照案例分析的方法进行分析，其目的是找到最佳案例的共同特征，助力标杆管理，支持运营决策。在分析过程中，回答下述问题：

（1）问题案例都存在着何种共性问题？

（2）优秀案例都有何种共同特征？

（3）问题案例的共性问题是否可以被改进以节约成本？

（4）优秀案例的共同特征是否可以被复制以增进效益？

（5）基于上述发现的预测模型精度如何，是否可以指导业务改进？

思考上述一系列的问题后，企业总能提炼出一套根据订单多维度特征针对性选取业务的后续流程，导航业务方向的优秀业务规则，最终引领涉及此类案例的流程得到卓有成效的持续改善。

通过调用激活转化率纵向监测指标我们不难发现，移动号卡的激活率大约为 38%，而发货激活率在 48% 左右波动。发货后有过半数的订单并未产生效益，若不考虑人力成本与固定投资的话，备货发货的成本则基本可以认为是该流程成本的全部。企业希望能在保证总体激活率不下降太多的情况下，拦截预期激活率不高的订单，在降低运营成本的同时，提高端到端发货激活率。图 9.24 是我们制定的物发货拦截策略。

我们可以通过半自动化的方式，找到发货不激活 / 激活订单的特征，并在此基础上设定简单易操作的订单拦截与退回规则，也可以通过稍显复杂的算法，将拦截的工作交由计算机程序，当订单输入到系统后针对其特征决定是否需要进行精准拦截。最终的拦截效果与实践的业务成效也将在本节予以呈现，并介绍案例分析的业务价值。

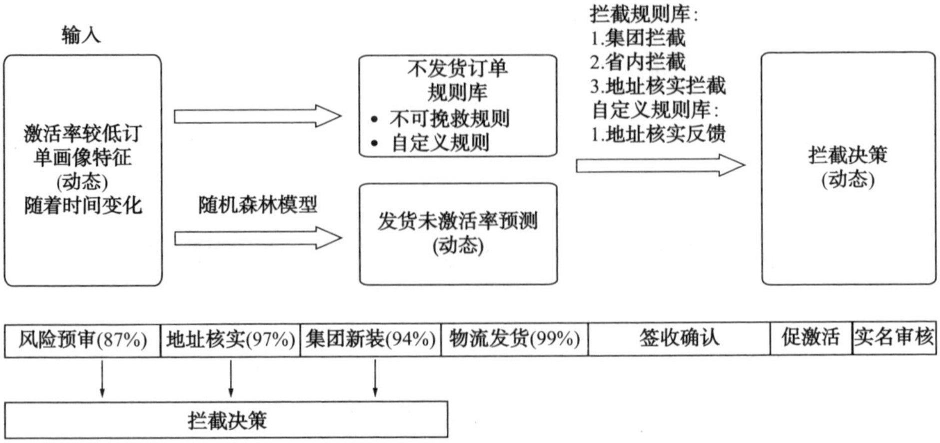

图 9.24 物流拦截决策示意

➲ 9.11.1 移动号卡案例画像分析

我们希望通过对不同结果的订单案例进行分析，找到它们流程上的共同点，并基于此做出管理决策，如图 9.25 所示。

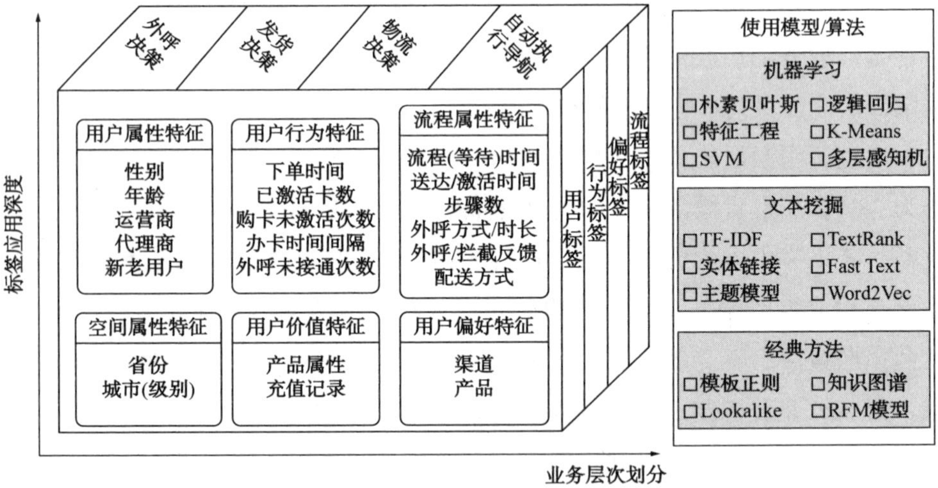

图 9.25 订单画像分析示意图

具体而言，我们将不同结果的订单（未发货 / 营销失败 / 营销成功）在用户属性、行为、流程属性等方面进行聚合后开始我们的分析。在初步把握了哪些客户的订单激活效果好，顾客的哪些行为代表着他们有更大概率愿意接受此订单等信息后，我们可以直接指导流程的运作，也可以借用多样化的算法模型，将这些信息输入模型，系统可以凭借训练好的模型自动做出订单发货与否、发什么物流、是否开展外呼和外呼几次的管理决策。在本小节，读者将初步看到案例分析对管理现状的发掘作用和较为先进的运用方案。

流程结果导向的案例分析

在流程分析中，我们将所有订单一视同仁，针对总体订单的激活率指标进行监控，发现可能存在的流程问题，再通过流程质量指标对发现的问题进行验证，最终找到业务改善的方向。案例分析在分析对象的界定与分析结果的业务价值上有所不同。因为需要发现不同结果订单的属性特征，案例分析的对象不再是一段时间内经过该流程的订单总体，而是根据流程结果划分后的各类订单。

因此案例分析的对象自然地被分为了未发货的订单、发货激活的订单、发货未激活的订单三类。然而在前置的分析中，我们已经发现物流的投递方式与激活率存在强相关关系，且显著地影响了订单激活率。为排除投递方式带来的影响，我们最终将已发货的订单加上投递方式维度的特征形成了未发货、激活－面对面、激活－盲投、未激活－面对面、未激活－盲投共五种订单类别。

选定了分析对象，紧接着的工作就是确定分析维度。现有的针对消费者是否会购买某项产品的分析大多会选取消费者往期消费行为、消费者自身的特征、消费者在消费过程中各流程接口的特征等作为分析维度，这样的分析多发生在消费者于电商平台购买如日用类产品、电子类产品、OTC药品时的产品的场景下，并且消费者往期的消费行为因素往往对预测消费者偏好和购买行为有统计学和现实意义上的显著影响。我们的分析维度与之相仿，但没有选取该重要因素。因为手机号卡作为一种特殊的产品，消费者不会在短时间内留下对手机号卡类产品的多次下单和激活记录，也没有任何的实践证明，消费者对其他品类产品的消费行为与对号卡类产品消费行为的关联性。基于以上两点原因，我们只选取了消费者自身的特征与消费者在发货前与企业交互的各项记录信息作为预测的依据。我们将采用的案例分析维度如图9.26所示。

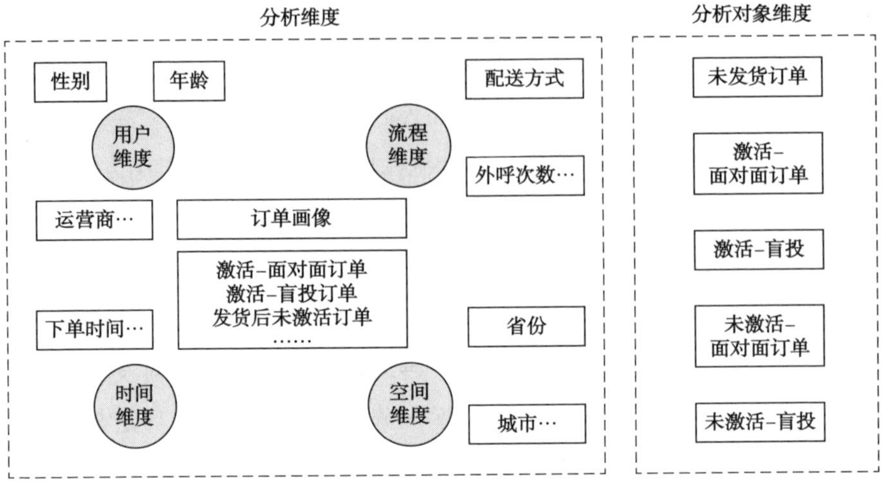

图 9.26　案例分析维度

发掘案例优劣势的订单画像

“订单画像”借鉴了用户画像的概念，与后者作用相仿，它是建立在真实订单数据上的模型。企业可以通过对订单的调研，总结出各类订单典型的用户维度、时间维度、空间维度、流程维度特征，对业务进行指导。

在一次分析中，我们选取 2 个月的订单数据进行分析，图 9.27 是五类订单在代理商维度的分布示意图。

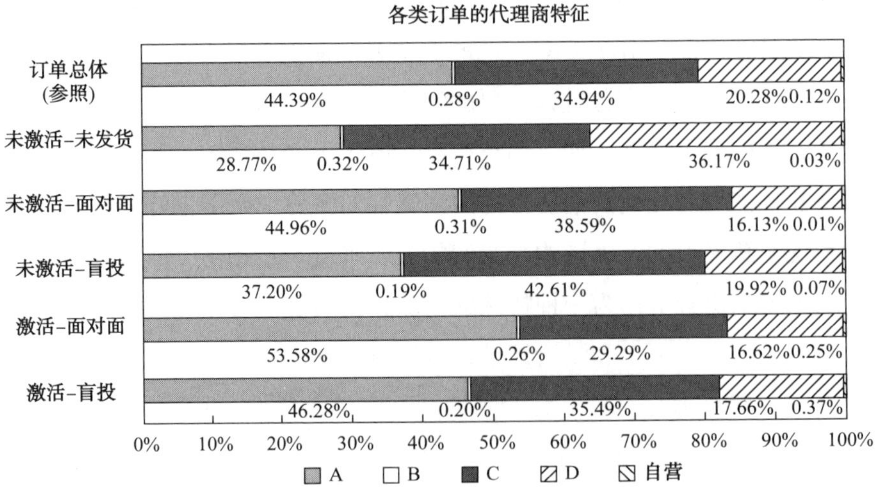

图 9.27　五类订单在代理商维度的分布示意

横向条形图的每一个柱形单元都代表了某类订单的代理商特征。对于订单总体而言，有约 44% 的订单源自 A、0.28% 的订单源自 B、34.94% 的订单源自 C……，向我们展示了订单总体的代理商分布情况。通过横向比对总体和上述的五类订单的分布情况，我们可知某类订单更多地由哪类代理商提供，针对此类代理商的订单我们可以考虑加入优先订单池。通过对比各类订单与总体订单的属性我们有如下发现，并树立相应的标杆。

（1）激活的订单更具有 A 的渠道属性——优秀代理商订单质量标杆；

（2）未激活的订单更具有 B 的渠道属性——后进代理商质量标杆；

（3）未发货的订单更多来自 C，在省内和集团校验上更大概率不通过。

订单的代理商属性对应着相应代理商所能接触到的用户群体，是用户维度视角的案例分析，可以指导决策者树立标杆，调整针对某类订单的流程，例如对 B 的订单施以更严格的拦截策略，保证发货的订单质量。它是最基础的分析维度，许多用户画像分析案例都选取了该维度，往往都能得出针对某类订单施以不同流程策略的改进方向。

流程维度的案例分析则是企业审视流程问题、发现用户激活意愿的一大方式。我们对各类订单在首次派件时间点和地址核实外呼次数等流程属性上进行可视化后可以得到如图 9.28 所示的两张条形图。

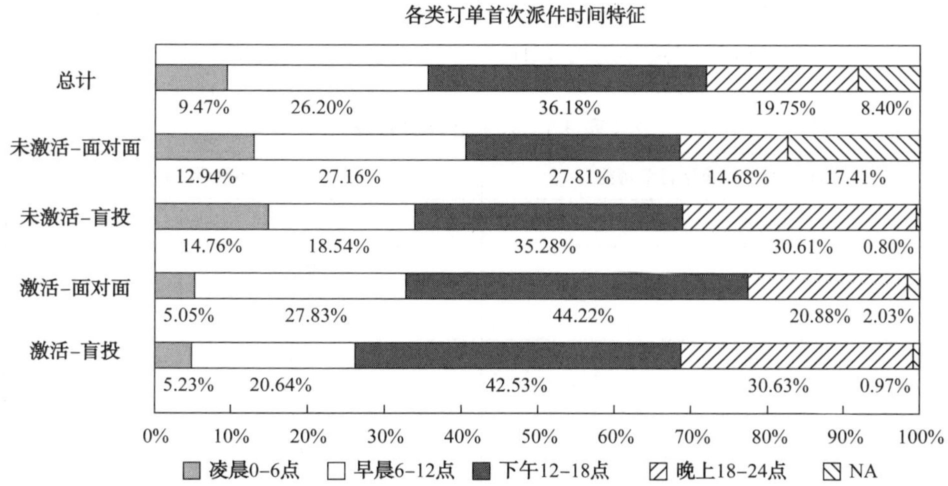

图 9.28　订单的首次派件时间和地址核实外呼情况

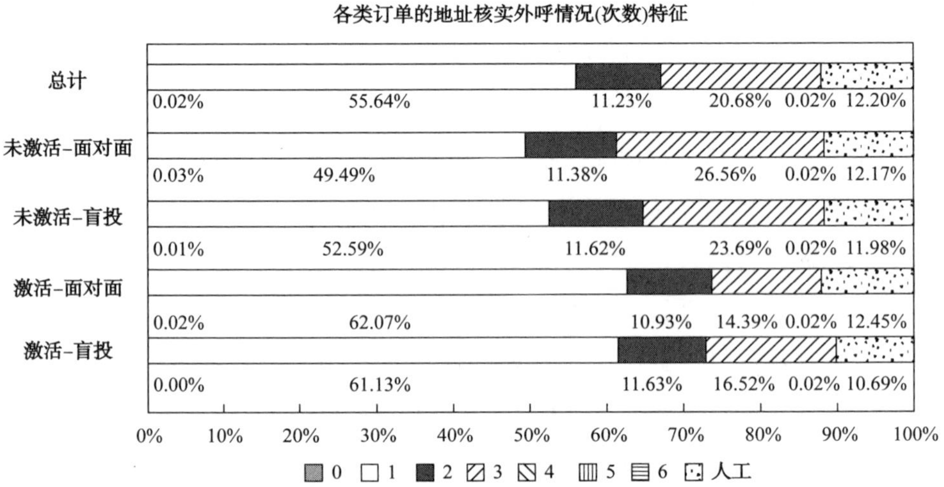

图 9.28 订单的首次派件时间和地址核实外呼情况（续图）

除去填写不规范（NA）与凌晨补录的数据，我们可以发现：激活的订单初次投递时间多在下午和傍晚且更多地只外呼了一次。我们可以推测出，物流公司将首次投递的时间安排在下午和傍晚，可以更好地匹配顾客的空闲时间，利于顾客尽早收到号卡，进而有利于号卡的激活。外呼了一次即停止外呼的订单往往都是顾客明确表示愿意激活的情况，事实上激活的订单也往往只经历了一次地址核实外呼。

除了上述展示的分析维度，我们还进行了一系列的维度展开，将最终未激活订单具有的特征展示于表 9.5 中。

表 9.5 未激活订单特征

面对面场景未激活订单特征		盲投场景未激活订单特征	
订单特征	影响方向	订单特征	影响方向
女性	+	女性	+
年龄 30+	+	年龄 30+	+
上午 12 点前投递	+	凌晨 0—6 点及晚上 18—24 点下单	+
（来自 A、B、C 代理商的订单）	+	凌晨 0—6 点及晚上 18—24 点投递	+
其他城市（非一、二、三线）	+	（来自 C 代理商的订单）	+
外呼 2 次、3 次	+	新一线城市、三线城市	+
		外呼 2、3 次	+

表 9.5 所呈现的结果既可以树立后进标杆，督促业务整改，还可以在订单拦截中发挥重要作用。我们可以人工选取具有多个未激活订单特征的订单作退回处理，保证发货激活率；也可以将这个工作交由程序，通过机器学习的方法总结归纳此类订单特征，并针对具有特定特征的订单实施精准拦截。

9.11.2 基于规则库的拦截模型

基于上述发现，我们可以建立一套易操作的订单拦截不发货的框架，将大概率发货不激活的订单退回代理商再做处理。发货前订单拦截决策的目标：在控制整体激活率的基础上，降低成本。

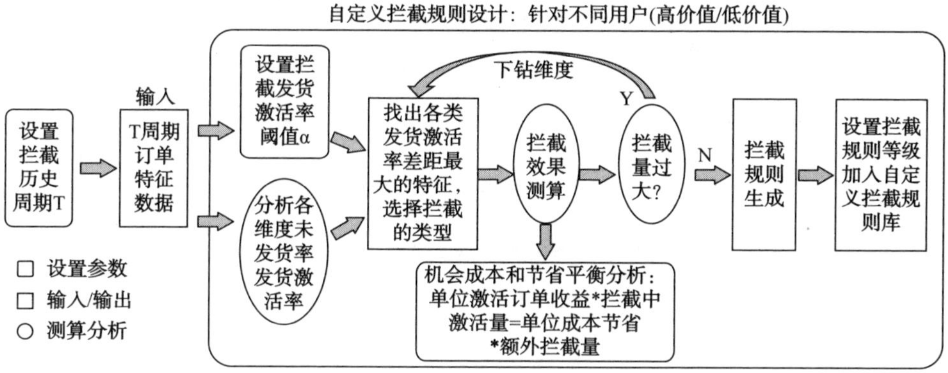

图 9.29 拦截模型运作

图 9.29 所示是该拦截模型运作的示意图，我们通过对历史 T 期的数据进行规律总结，可以发现不同特征的订单有不同的激活率水平。通过人为地设置预期发货激活率水平 α，我们可以拦截预期发货激活率水平低于 α 的特定属性订单，测算拦截后的期望收益结果与未拦截时进行收益比较，判断 α 设置的科学性。当然也可以对订单进行更细致的类别划分，运用更多的订单信息进行拦截，所获得的拦截效益也可能更好。最终将表现良好的拦截规则（需要拦截的特征属性），予以保存和应用，逐步推进到业务中去（如通过 AB test 等验证）。

回到我们的案例，我们在基于质量和路径的探索中已经发现，发货不激活的订单往往经历了多次地址核实外呼，且大多是高龄订单。我们选取地址核实外呼结果为“未接通多次未接发货”的订单，按年龄段划分后将订单量、发货激活率、未发货比率可视化如图 9.30（a）所示。

读图可知，在地址核实外呼流程中最终都未接通的订单的发货激活率与未发货比率随着所属年龄段的提高，而分别呈现着下降和升高的趋势。对于接通后，用户未表态的订单，可绘相同的组合图如图 9.30（b）所示，也有类似的发现。

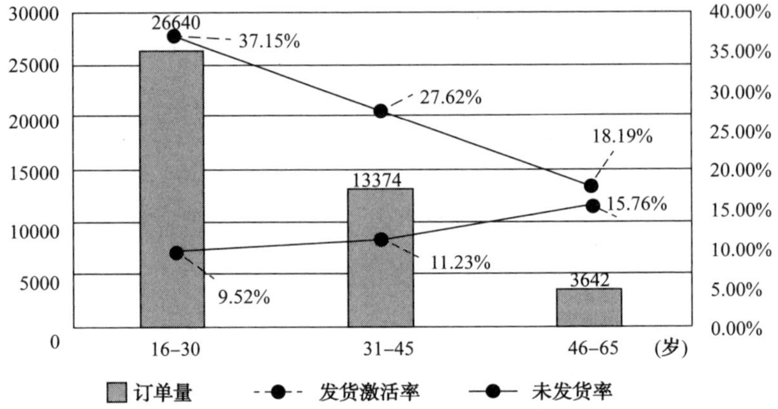

(a)未接通多次未接发货年龄分析

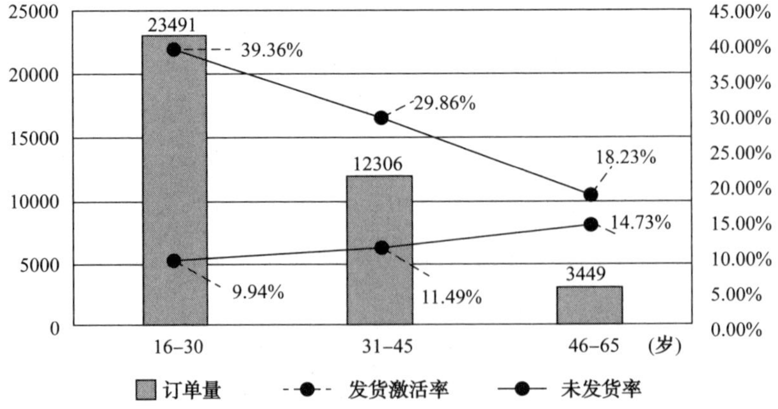

(b)用户未表态年龄分析

图 9.30 未接通订单特征下钻

基于此，可以形成对“46~65 岁客户未接通多次未接发货订单”，以及“46~65 岁用户未表态订单”进行拦截的简易拦截模型。

9.11.3 基于机器学习的案例拦截策略设计

易操作的拦截模型具有拦截直观、上手简单、可操作性强等特点。然而随着业务的变化与流程的改进，案例分析的结论可能变化，相应的拦截策略表现也会因此变差。因此要保证易操作的拦截模型持续发挥作用，需要业务人员不断进行案例分析，并不断改进拦截策略，修正拦截模型。实际上这样的工作因极具重复性，并不是总能找到拦截效果较好的订单属性且较精确地拦截。我们可以将这样的工作交由程序完成，对输入的订单进行全量化多维度的归类分析，将历史的经验保存为模型，最终对新进订单逐个进行预测分析，输出拦截结论。

有很多实现这种分类预测任务的成熟模型，如决策树（Decision Tree）、逻辑回归（Logit Regression）、支持向量机（SVM）、随机森林、xgboost 模型等一系列的建模预测方法。鉴于各维度的变量间可能存在较强的相关性，运用决策树与逻辑回归模型存在内生性与过拟合的问题，我们首先排除这两个建模方法，随机森林与 xgboost 模型在解决过拟合与内生性的问题上有较好的表现，我们选取了这两个模型进行建模分析并评估预期的结果。随机森林与 xgboost 模型的运作逻辑如图 9.31 所示。

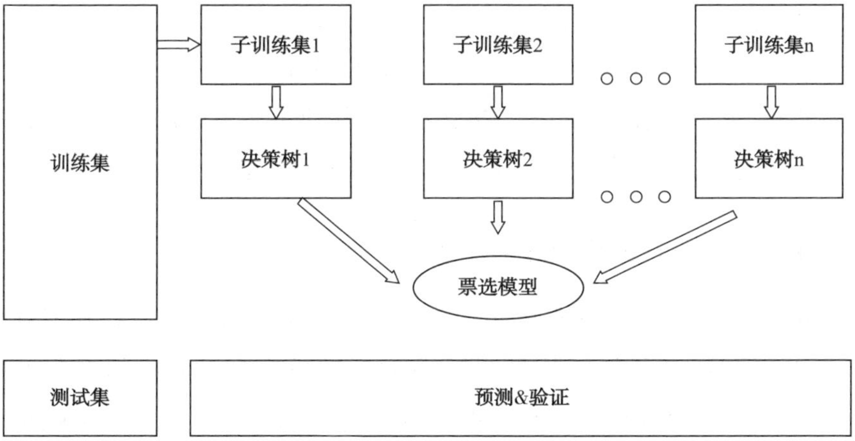

图 9.31 随机森林、xgboost 模型运作逻辑

训练集是模型学习历史运作情况，建立起自变量与因变量间映射的知识库；而测试集是存有其他相同维度订单属性，但是时间维度上不同的订单数据库。模型通过对训练集进行横纵向的随机抽样形成决策树，分别拟合、投票决策，最终以模型的形式记录下历史经验，最后输入测试集的自变量信息，对各个订单进行预测并验证模型的准确性。对同样的数据进行建模与验证，我们最终发现两者的预测表现相仿，而 xgboost 模型在算力需求与运行速度上占优势，我们选取后者作为展示。

我们的模型如下：

$$CR\sim province+city+age+agent+outbound\ information$$
$$+city\ level+promotion\ mode+order\ time$$

其中 CR 是订单的激活转化率，作为因变量；自变量依次为订单所属省份、城市、年龄、代理商、外呼相关的次数、外呼反馈、外呼时长、城市等级、订单渠道信息、下单时间维度。我们选取了某个月的订单数据作为训练集，选取次月订单作为测试集，最终建立的模型可实现转化率在下降 1.5%~3% 的条件下，节省 8%~13% 的成本。

➲ 9.11.4 拦截策略的效果分析

基于易操作的拦截模型与算法指导下的拦截模型，本节采用次月的订单数据，作为测试集对未来订单执行情况进行预测，并同实际值进行比较，评估模型效果与实际应用价值。在评估过程中，我们既运用了预测中常用的模型评价指标——预测的查准率、查全率，又从业务的角度监测关键业务指标在模型运用前后的波动情况，达到评估模型价值的目的。

简单经验主义拦截模型效果评估

简单经验主义的拦截模型具有易理解、易操作的特性。它基于订单画像工作对未激活订单特征的呈现结果定义拦截策略，如我们在业务中提出的针对高龄及地址核实外呼反馈不理想的订单进行拦截的策略就是其中之一。

我们将这样的策略运用于次月的订单数据，将地址核实外呼反馈不理想（如反馈“多次未接发货”及“未表态”）且年龄在46岁以上的订单拦截退回代理商，对应地将节约一定的物流与号卡成本。然而因存在错误拦截的问题，总体的激活率也将有所下降。基于以上权衡，我们选取了两个角度的指标作为衡量模型价值的指标，如图9.32所示。

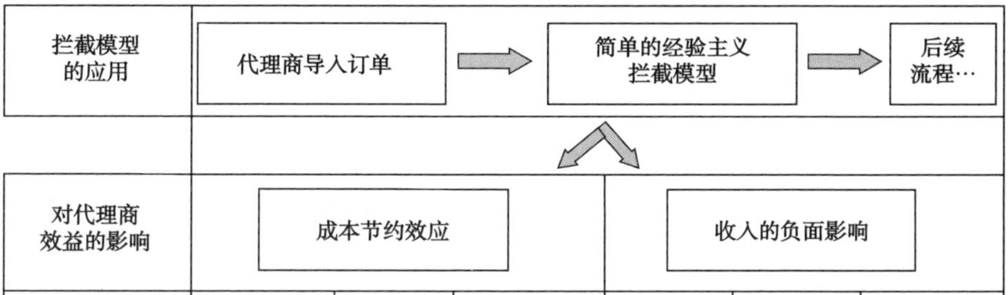

代理商	订单总量	额外拦截量	节省成本	拦截前平均激活率	拦截后平均激活率	收入影响
A	105108	1697	1.61%	45.68%	45.40%	0.61%
B	106699	2968	2.78%	38.16%	37.66%	1.31%
C	35058	1212	3.46%	32.40%	31.62%	2.41%

图9.32　拦截的权衡

拦截模型的应用将对不同代理商的效益产生不同的影响，其中对代理商C的效益影响最大，它的订单激活率下降了2.41%，我们可以近似认为来自代理商的收入也降低了2.41%。而在成本侧，公司将节约3.46%的物料与发货成本，成本节约比例较收入影响的比例更大，可见这种简易的拦截方式对于C的订单而言有一定的业务价值。横向对比三个代理商，可以发现这样的拦截策略对A订单的成本节约效益相对较高，虽然在节约的绝对成本比例上A的订单不占优势，但对其收入的影响则小于另外两者：节约成本的比例是对收入影响的2.64倍。模型应用于A的准确率更高。

通过图我们可以直接读出模型的应用对不同代理商订单效益的影响，但却没有回答怎样的结果预示着我们运用此模型将带来整体业务价值的提升，即需要确定盈亏平衡的比率。此时则需要计算拦截后项目的利润对比拦截前的利润情况，判断盈亏后进一步讨论是否实施拦截方案。

机器学习指导下的拦截模型效果评估

简单经验主义的拦截模型虽然易于理解，拦截策略的自动化执行也较容易操作，但在精度或应用价值上有所不足。运用成熟的机器学习算法可以在一定程度上解决这样的问题。类似地，我们将订单画像工作中发现的对激活率有重要影响的变量作为自变量输入模型，运用 11.2 节中的回归方程建立模型并用测试集数据进行测试得到结果如表 9.6 所示。

表 9.6 拦截结果示意

判断为激活的概率阈值（%）	拦截量	预测正确率（%）	拦截后激活率（%）	物流成本节约（%）	收入损失（%）	物流成本节约 / 收入损失
5	416	94.71	40.45	0.99	0.11	9.00
10	1033	89.45	40.28	2.45	0.54	4.51
15	2086	84.23	39.83	4.94	1.64	3.02
20	3541	80.49	39.10	8.39	3.44	2.44
25	5508	76.40	37.87	13.05	6.48	2.02
30	8118	73.17	36.10	19.24	10.85	1.77
35	11153	70.08	33.76	26.43	16.62	1.59
40	14701	66.93	30.69	34.84	24.22	1.44

由表可知，当我们将预测激活概率小于 20% 的订单予以拦截时，可以在节约 8.39% 左右的物流（物料）成本的条件下，保证物流成本节约 / 收入损失的比率为 2.44，相较于简单经验主义的拦截模型效果更好。此外还可以根据代理商的具体情况，动态地调整拦截阈值，从而选择平衡收入损失与成本节约最优的拦截阈值。

尽管机器学习指导下的拦截策略在精确度上有所提升，但仍然不尽如人意。这是因为我们选取的变量尚不能很好地刻画顾客的激活意愿，即实际发生付费的意愿。在电子商务中不乏优秀的预测模型与案例，它们大多都选取了顾客对相似产品的历史购买行为、顾客的收入、社交关系、历史浏览记录等其他画像特征作为自变量，并验证了这些变量与顾客购买意愿或行为的强相关性。然而在 H 公司移动号卡的业务场景中，顾客鲜有重复购买行为，且难以获得顾客的历史购买行为与社交关系等数据，因而模型预测的精准度不能得到较高的保障。但这并不能否认拦截的思路与拦截模型的价值，模型的精度上限在哪里，是否还可以提高，以及是否需要应用模型的问题还需要在具体的业务场景中进行分析。

9.12 数字化流程的策略挖掘——发货策略

9.12.1 物流团队分析

通过基于流程和团队的中观分析视角，我们发现同类号卡产品在选取不同的物流公司派送后，激活率存在较为明显的差异，如表 9.7 所示。

表 9.7 激活率在不同物流公司间的差异

地区	面对面激活率		盲投激活率	
	* 鸟物流	* 丰速运	* 鸟物流	* 丰速运
浙江	59.03%	57.45%	37.76%	50.00%
江苏	50.71%	55.72%	28.87%	38.81%
上海	—	55.91%	—	25.81%
福建	50.00%	54.24%	30.18%	44.12%
广东	51.45%	49.64%	33.83%	35.96%

上表展现了随机截取的经由不同物流公司配送的订单激活率分布情况。可以看到，在不同的物流公司间，订单的发货激活率存在着不同程度的差异，部分地区差异甚至到了 14% 左右。传统的管理视角只提醒我们需要在可接受的配送时间内管控物流成本，然而通过调取两者的物流配送时间分布可见并无太过明显的差异。在控制时间相仿的条件下，上述激活率差异仍然存在，这样的现象显然已经超出了现有管理经验能解决的范畴。而如若从基于流程的视角来看，问题的症结其实很好被锁定。

除了两家物流公司效益和成本上的差异，发货到签收环节的流程转化率较低也是我们关注它的原因。通过图 9.33 所示的订单转化率漏斗，我们很直观地发现——在物流签收环节订单的成功转化率较低，换言之，这是关键事件节点。在本小节我们会对其进一步剖析，以谋求业务的升级。

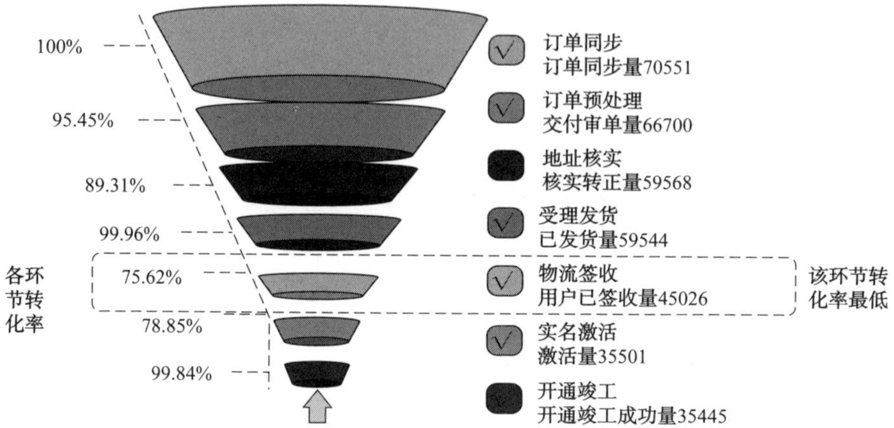

图 9.33　订单转化率漏斗

物流决策的复杂性

以更细的粒度审视流程时，我们会发现物流公司的角色不只是配送，其对交易的成立与成本的付出还起到了关键作用，而且激活转化率降低最为严重的环节也正是物流配送到激活的这一环节。换言之，承接了协助客户激活号卡的面对面激活服务的外部物流公司，在极大程度上影响了移动号卡项目的营收情况。然而，对外部公司进行培训与管理并不是一项简单的事宜。如何在物流公司激活率水平参差不齐，服务地区存在差异的背景下，通过协调移动号卡的物流发货配比实现激活率与成本的共同改善成了项目管理者所关心的问题。

在本业务场景中，物流公司不再只承担物流的角色，更该以“公司效益的增进者”这一身份被管理者所认知。在仅考虑成本的视角下，现有的两所物流公司——* 鸟物流和 * 丰速运，在送达所需时间相近的背景下，其成本是唯一的影响因素。

仅选择成本较低的物流公司为合作伙伴时，订单的激活率不能得到保证，因此激活率是决策者需要优化的另一目标。然而仅平衡这两者，可能会制定出一个很极端的分配比率，这并不利于下游形成竞争的局面，促进服务质量的提升，也不能保证获得较小单量的公司愿意与该 H 公司保持合作关系。鉴于此，我们还需要在接下来的物流决策中考虑到物流公司的合作意愿而设立一个订单分配的基础阈值。除此之外，还需要考虑到一些现实因素，例如，部分地区没有＊鸟公司的前置仓不支持配送，因此不涉及物流分配决策等。

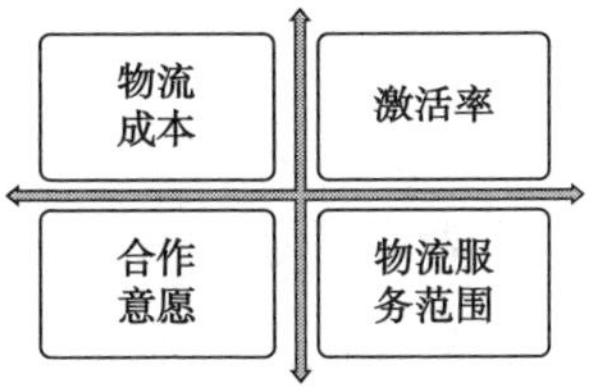

图 9.34 物流决策利弊权衡维度

基于以上考虑，我们将物流决策的利弊权衡维度展示于图 9.34 中。

为让读者更身临其境地思考这样的问题，我们将简单地从运作逻辑和成本构成的角度阐释这样的权衡。

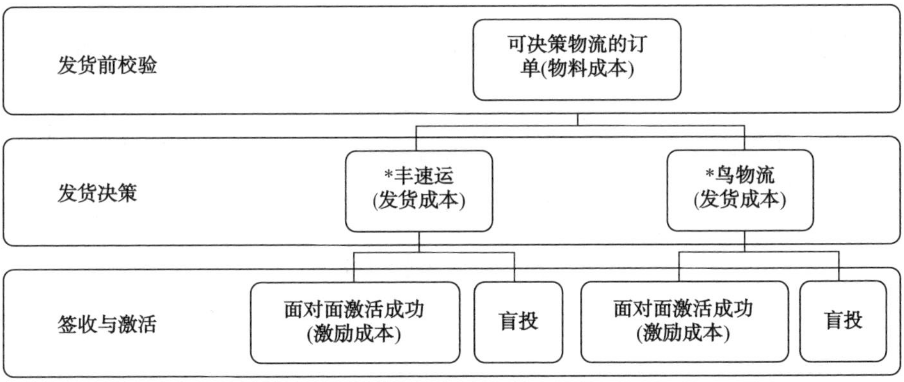

图 9.35 发货－激活流程成本示意

当号卡订单经过了一系列风险校验和地址核实外呼后，将进入到发货环节，发货—激活流程成本示意如图 9.35 所示。与该项目有合作关系的第三方物流公司有两家——＊丰速运与＊鸟物流。因为与＊鸟物流的合作需要以它在相应地区建有前置仓为基础，故部分地区的订单全部交由＊丰速运配送，其他所有地区均是本发货策略的作用范围。我们基于将此类地区的订单随机分配到两家物流公司得到的发货激活率估计物流公司的表现，进而重新安排下一周期的发货策略。

此外，移动号卡的制作成本及配送成本均在消费者收货激活前付出。在号卡送达后，经过培训的快递员会联系客户，商量协助客户面对面激活的事宜。如若客户同意在快递员的协助下完成面对面激活，且面对面激活成功，则公司将支付给快递公司一笔额外的激励费用；反之如果客户不希望面对面激活，那么快递公司将把快递进行盲投处理，即正常派送到订单地址，交由客户自行签收与激活，并不会产生除物流配送之外的其他成本。

综上，在面对面激活的过程中，因为两家物流公司的团队运作等因素，存在着激活率和派件成本上的差异。为进一步规范流程，将随机的物流决策流程模式化，力求降本增效。

9.12.2 物流发货策略设计

基于历史数据与物流决策需要考虑的现实因素，我们将现有的物流决策方案与新的物流决策方案比对展示于图 9.36 中。

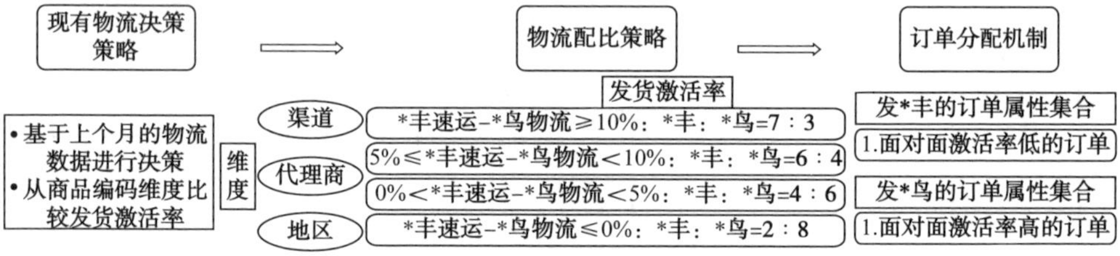

图 9.36 物流决策方案对比

在从团队分析的视角重新审视流程后，公司也意识到了外部团队对于激活率的显著影响。在公司内部也达成了一个号卡订单发什么物流需要从成本、激活率、商品编码等维度进行全方位考虑的共识。经过初步的探索，我们设计了一个相对简单的物流决策模型，在业务价值、应用成本、操作难度上取得了较好的均衡，如图 9.37 所示。

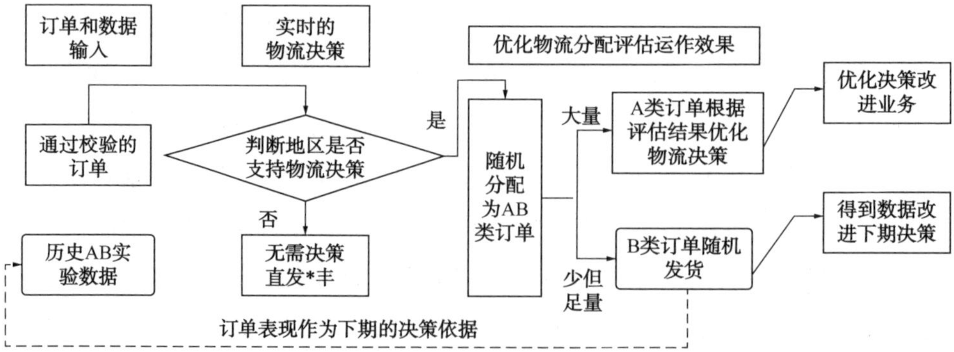

图 9.37 订单运作情况

首先需要明确的是，物流决策的对象是被两家物流公司服务范围所共同覆盖区域的订单。当订单通过各类风险校验后，将由系统自动识别是否支持物流决策，对于不支持的订单将以 * 丰物流保证发货，对于支持进行物流决策的订单将被随机分为 A、B 两类分别产生业务价值和作为下一期的决策依据。

其中 A 类订单将按照该订单的特征以及需要为物流公司保证的发货量进行决策。例如：若某地区某年龄段的女性更希望由 * 鸟物流配送，那么该订单往往会被交由 * 鸟物流进行配送，相反如果某订单更适合由 * 丰速运进行派送的话，将交由 * 丰速运继续进行后续流程。为能低成本、自动化地做到这些事情，就需要借助以往的历史订单数据，以及一些机器学习的模型来进行辅助操作。它们都需要借由指针接入到公司已有的系统中，为公司做出更智慧的决策奠定基础。至于 B 类订单，既是下一阶段进行决策的数据基础，也是衡量本阶段模型效果的标杆；在业务和订单质量本身在不断波动且订单最终的激活效果还受到订单配送方式的影响时，需要分割出一部分足量的订单作为对照，既能评估本期模型运作情况，还能为基于数据的科学决策提供依据，是物流决策模型的重要一环。紧接着，我们将在下节中呈现在简易模型指导下的业务改进成果。

9.12.3 效果分析

我们以 2022 年 5~6 月份 H 公司销售数据为例，对物流发货策略模型的效果进行测算。与负责物流发货决策的业务人员进行沟通后，确定当前物流决策依据的主要指标为发货激活率，考虑到不同代理商投放的渠道不同，再加上 * 鸟物流的发货范围无法覆盖到全国各个地市，因此需要继续下钻到地市维度，对两家物流公司的发货激活率进行对比，从而进行决策。物流决策的主要目标——在能提升发货激活率的情况下，尽量节省物流成本。* 鸟物流的发货成本远低于 * 丰速运，若 * 丰速运的发货激活率略高于或低于 * 鸟物流，则可以优先选择 * 鸟物流发货；若 * 丰速运的发货激活率远高于 * 鸟物流，则优先选择 * 丰速运发货。我们制定的物流决策策略具体如下：若 * 丰速运的发货激活率高于 * 鸟物流的发货激活率 10%，则订单分配比例为 * 丰速运：

* 鸟物流 =7∶3；若 * 丰速运的发货激活率高于 * 鸟物流的发货激活率 5%，则订单分配比例为 * 丰速运：* 鸟物流 =6∶4；若 * 丰速运的发货激活率与 * 鸟物流的发货激活率相同，则订单分配比例为 * 丰速运：* 鸟物流 =4∶6；若 * 丰速运的发货激活率低于 * 鸟物流的发货激活率，则订单分配比例为 * 丰速运：* 鸟物流 =2∶8。

由于代理商投放渠道不同，因此下面我们按照不同的代理商来进行测算和分析。以本地代理商 A 的订单为例，在省级维度的物流分配现状测算结果如表 9.8 所示。

表 9.8 代理商 A 订单在省级维度的物流分配现状

地区	发货比例			发货激活率		* 丰速运 - * 鸟物流	整体发货激活率
	整体发货占比	* 鸟物流	* 丰速运	* 鸟物流	* 丰速运		
	100%	47.59%	52.41%	52.25%	50.25%	−2.00%	51.20%
广东	17.04%	75.31%	24.69%	55.10%	52.70%	−2.40%	54.51%
浙江	9.69%	74.93%	25.07%	56.51%	59.86%	3.35%	57.35%
江苏	8.26%	72.92%	27.08%	46.60%	53.64%	7.04%	48.51%
四川	7.07%	43.24%	56.76%	52.50%	47.69%	−4.81%	49.77%
山东	4.99%	0.00%	100.00%		44.09%		44.09%
河南	4.60%	84.13%	15.87%	40.66%	52.70%	12.04%	42.57%
湖南	4.53%	62.96%	37.04%	52.51%	47.94%	−4.57%	50.82%
陕西	4.32%	25.24%	74.76%	46.15%	52.71%	6.56%	51.06%
河北	4.30%	0.00%	100.00%		49.80%		49.80%
湖北	4.15%	67.06%	32.94%	55.59%	52.71%	−2.88%	54.64%
重庆	3.41%	41.88%	58.12%	47.23%	54.74%	7.51%	51.59%
安徽	3.21%	0.15%	99.85%	0.00%	49.69%		49.62%
福建	3.15%	75.51%	24.49%	52.75%	47.92%	−4.82%	51.56%
江西	2.91%	59.97%	40.03%	48.51%	53.60%	5.09%	50.55%
北京	2.91%	67.97%	32.03%	62.25%	64.46%	2.21%	62.96%
山西	2.82%	0.00%	100.00%		44.08%		44.08%
内蒙古	1.99%	0.00%	100.00%		49.07%		49.07%
甘肃	1.90%	0.00%	100.00%		49.48%		49.48%
辽宁	1.82%	0.00%	100.00%		50.95%		50.95%
黑龙江	1.37%	0.00%	100.00%		45.67%		45.67%

续表

地区	发货比例			发货激活率		* 丰速运 - * 鸟物流	整体发货激活率
	整体发货占比	* 鸟物流	* 丰速运	* 鸟物流	* 丰速运		
海南	1.23%	0.00%	100.00%		52.71%		52.71%
天津	1.22%	22.47%	77.53%	54.05%	52.22%	−1.83%	52.63%
上海	0.95%	0.26%	99.74%	0.00%	49.48%		49.35%
吉林	0.89%	0.00%	100.00%		45.40%		45.40%
宁夏	0.75%	0.00%	100.00%		45.57%		45.57%
青海	0.41%	0.00%	100.00%		49.09%		49.09%
广西	0.00%	100.00%	0.00%	0.00%			0.00%

从上表可知，在当前的物流分配决策中：（1）江苏、河南、江西地区 * 丰速运比 * 鸟物流激活率高 5% 以上，其中河南 * 丰速运比 * 鸟物流激活率高 10% 以上，但分配订单量 * 丰速运比 * 鸟物流要低，因此可以将河南订单分配调整为 * 丰速运 ： * 鸟物流 =7 ：3，江苏、江西地区订单分配比调整为 * 丰速运 ： * 鸟物流 =6 ：4。（2）四川、天津地区 * 鸟物流比 * 丰速运激活率高，但分配订单量 * 丰速运高于 * 鸟物流，属于异常情况，可以将发货比调整为 * 丰速运 ： * 鸟物流 =2 ：8。（3）广东、湖南、湖北、福建 * 鸟物流比 * 丰速运激活率高，但分配订单量比 * 鸟物流略高于 * 丰速运，可以将发货比调整为 * 丰速运：* 鸟物流 =2 ：8。

同上，可以对其他代理商的订单物流分配现状分别进行测算，并基于制定的物流分配策略，进行物流配比的重新调整，可以最终得出调整后的测算结果：在提升发货激活率 0.83% 的基础上，每百单位订单可以节省物流成本 24.25 元，按照每年 200 万的发货量来计算，可以节省物流成本 48.5 万元，与此同时可以提升经济效益 83 万元（单位订单经济效益按 50 元计）。

但由于下钻到地市维度的订单量较少，不满足统计学意义。因此，物流配比策略将在省级维度进行决策，但综合考虑地市维度的发货情况，即：若在省级维度进行决策，* 鸟物流 ： * 丰速运 =8 ：2，但在地市维度，只能更改可发货地市的订单配比，对于不可发货的地市，则不予调整，实际的 * 鸟物流分配比例将小于 80%。同样以代理商的订单为例，在地市维度基于物流分配决策进行物流分配调整后，实际订单分配比例可以实现的结果如表 9.9 所示。

表 9.9　代理商 A 订单在地市维度的物流分配测算

地区	整体发货占比	调整后发货比例		调整前发货激活率		
		* 鸟物流	* 丰速运	* 鸟物流	* 丰速运	* 丰 -* 鸟
	100%	41.33%	58.67%	52.25%	50.25%	−2.00%
广东	17.04%	75.31%	24.69%	55.10%	52.70%	−2.40%
浙江	9.69%	56.59%	43.41%	56.51%	59.86%	3.35%
江苏	8.26%	30.45%	69.55%	46.60%	53.64%	7.04%
四川	7.07%	43.24%	56.76%	52.50%	47.69%	−4.81%
山东	4.99%	0.00%	100.00%		44.09%	
河南	4.60%	34.55%	65.45%	40.66%	52.70%	12.04%
湖南	4.53%	62.96%	37.04%	52.51%	47.94%	−4.57%
陕西	4.32%	47.13%	52.87%	46.15%	52.71%	6.56%
河北	4.30%	0.00%	100.00%		49.80%	
湖北	4.15%	73.65%	26.35%	55.59%	52.71%	−2.88%
重庆	3.41%	41.88%	58.12%	47.23%	54.74%	7.51%
安徽	3.21%	0.15%	99.85%	0.00%	49.69%	
福建	3.15%	75.51%	24.49%	52.75%	47.92%	−4.82%
江西	2.91%	37.46%	62.54%	48.51%	53.60%	5.09%
北京	2.91%	67.97%	32.03%	62.25%	64.46%	2.21%
山西	2.82%	0.00%	100.00%		44.08%	
内蒙古	1.99%	0.00%	100.00%		49.07%	
甘肃	1.90%	0.00%	100.00%		49.48%	
辽宁	1.82%	0.00%	100.00%		50.95%	
黑龙江	1.37%	0.00%	100.00%		45.67%	
海南	1.23%	0.00%	100.00%		52.71%	
天津	1.22%	80.00%	20.00%	54.05%	52.22%	−1.83%
上海	0.95%	0.26%	99.74%	0.00%	49.48%	
吉林	0.89%	0.00%	100.00%		45.40%	
宁夏	0.75%	0.00%	100.00%		45.57%	
青海	0.41%	0.00%	100.00%		49.09%	
广西	0.00%	100.00%	0.00%	0.00%		

同上，可以对其他代理商的订单物流分配现状分别进行测算，并基于制定的物流分配策略，进行物流配比的重新调整，可以最终得出调整后的测算结果：在提升发货激活率 0.78% 的基础上，每百单位订单可以节省物流成本 2.27 元，按照每年 200 万的发货量来计算，每年可以节省物流成本 4.54 万元，

与此同时可以提升经济效益 78 万元（单位激活订单经济效益按 50 元计）。

9.13 数字化流程的导航案例——促转化外呼

在物流发货决策案例中，相信读者已经看到了一些智能导航的影子，我们可以设计出指导业务人员针对不同的地区、用户属性的订单采取不同发货方案的智能决策模型。在本节，我们继续就智能化执行的话题，探讨在外呼的业务场景下，指针可以为我们带来哪些新的管理指导。

9.13.1 促转化外呼的内涵

外呼是现代企业的客户服务中心与客户沟通的重要渠道。在 H 公司移动号卡线上开通业务中，外呼出现在流程各关键节点之间，并且对顾客向下一流程节点转化起到一定的促进作用，故我们称其为促转化外呼。

根据外呼出现的不同环节，按订单流程的顺序，H 公司的外呼包含三个场景：地址核实外呼、派件异常外呼和催激活外呼。

地址核实外呼，是用户下单后，在通过集团和省内校验后、发货前进行的核实地址和获取用户购买号卡意愿的外呼，对地址核实不通过或用户明确表示不需要等情况不进行发货，因此地址核实外呼能拦截部分订单发货以降低成本；派件异常外呼，是号卡包裹发货达站后，在派件时遇到的各种导致用户没有签收而进行的外呼，用以获得用户签收意愿并以此来决策是否进入“处理号卡包裹”及“订单退款”流程；催激活外呼，是在用户签收订单后一定时间内未完成实名制审核时发起的外呼，用以提醒用户进行实名审核，以促进用户向完成实名审核进行转化。

总的来说，促转化外呼就是从下单到激活全过程中发起的促进用户激活的外呼。H 公司移动号卡线上开通业务中的外呼主要是机器团队外呼，人工团队较少，其通常出现在用户接受机器团队外呼时要求转人工外呼的场景中。

H 公司外呼主要关注在“物流达站 – 派送 – 用户签收 – 实名审核 – 用户激活”这段流程。外呼在这段流程中，作为与用户直接交互的节点而显得异常重要。下面我们围绕这段流程中的外呼展开讨论。

9.13.2 提升外呼效果的思路

通过促转化外呼策略，提高外呼效果的思路如下：首先我们要找到下单 – 激活流程中损单较大、存在外呼环节的关键步骤；其次在了解现有外呼规则的基础上，对比分析实际业务完成情况，发现有效提升外呼效果的决策角度；最后针对不同外呼制定通用或个性化的具体外呼策略，并测算其有效性。

损单分析，找关键外呼环节

通过对整体订单损单转化的分析，可以找到损单较多、转化率较低的步骤，更可以发现外呼对提升订单转化率的未实现的潜在效果，分析如下：达站订单中有 35% 的订单出现了派件异常，但其中仅有 24% 的订单完成了签收；在签收订单中占比 24% 的盲投订单的实名完成率低于 48%，远远低于面对面的实名完成率（90%）。可以发现，出现派件异常状态的订单和盲投的订单占订单总体比例较大，且损单较多、转化率较低，这是影响整体收益的关键环节。因此，我们将“派件异常外呼”和“催激活外呼”作为取得用户意愿、提升签收率（实名成功率）的手段，以提升其促转化效果，如图 9.38 所示。

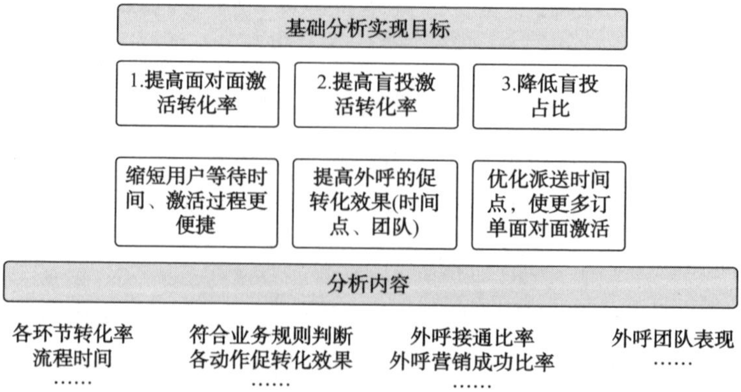

图 9.38　促转化外呼模型框架

业务分析，找决策角度

进行业务分析首先要了解具体的业务规则。不同环节的外呼既存在共同的优化策略，又有不同业务要求而导致的不同的策略。我们简单介绍规则如下，并说明如何考虑通用和个性化的策略制定思路。派件异常订单会进入待退款订单池并实时生成外呼单，对用户进行派件异常外呼来了解用户意愿（是否还需要产品），并决定是否将订单退出待退款订单池，且派件异常外呼业务规则规定仅进行 1 次；催激活外呼主要用于盲投订单，不同商品规则存在差异，但大致规则为对签收后 1 天内未完成实名审核的订单进行外呼，外呼后 1 天内如果还未实名则继续复呼，最高可复呼 14 次。我们可以考虑不同的外呼次数的促转化效果，但此策略只针对催激活外呼。

在将业务规则和实际业务完成情况进行的分析对比中，我们可以发现有效提升外呼效果的决策角度。出现派件异常状态到外呼的时长不同，促签收的效果也不同，我们根据这个时长的长短将外呼分为实时外呼和滞后外呼，并具体分析其效果，得出针对状态到外呼时长的优化策略。无论是派件异常外呼还是催激活外呼，不同时间点的接通率，接通转化成功率都有很大差距，因此我们将用户分类来选择最佳效果的外呼时间点。催激活外呼可以进行多次，太少的外呼次数可能会丧失本可以实名成功的订单，但太多的外呼次数又给用户带来不好的体验，因此对催激活外呼次数的决策也尤为重要。

我们将损单分析的结果和制定的外呼策略展示在图 9.39 中。

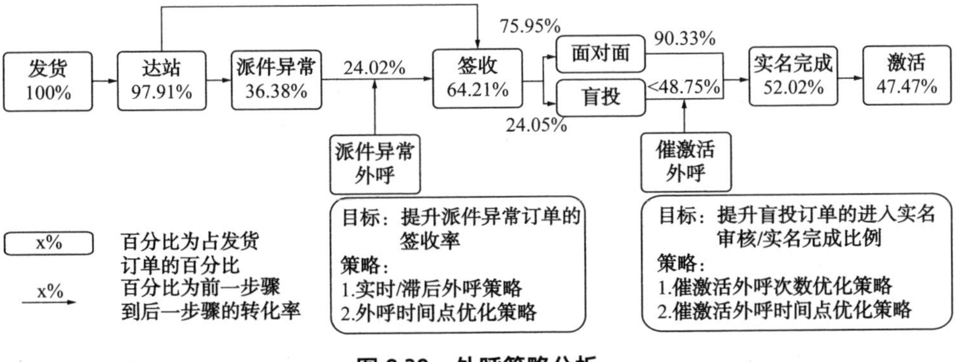

图 9.39 外呼策略分析

本章分享了我们在实践中对外呼策略的初步分析，这为外呼部门寻求最优外呼方式提供了方向，进而提高流程的整体效率，以实现提高用户体验的终极目标。如图 9.40 所示，我们从外呼的次数、时间、间隔三个方面对外呼策略进行探索性分析，力求从数据中发现既能提高用户满意度，又能提高企业效率的“双赢”外呼方式。

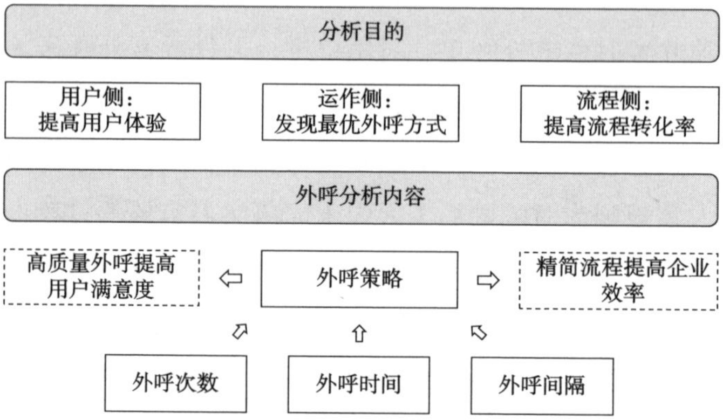

图 9.40　促转化外呼框架

9.13.3　实时 / 滞后外呼策略

实时 / 滞后外呼策略的设计思路

我们遵循先分析整体订单再细化粒度，以获得更准确有效的策略的思路。我们先对所有出现派件异常状态的订单分析了派件异常状态到派件异常外呼时长与签收率的关系，得到图 9.41。

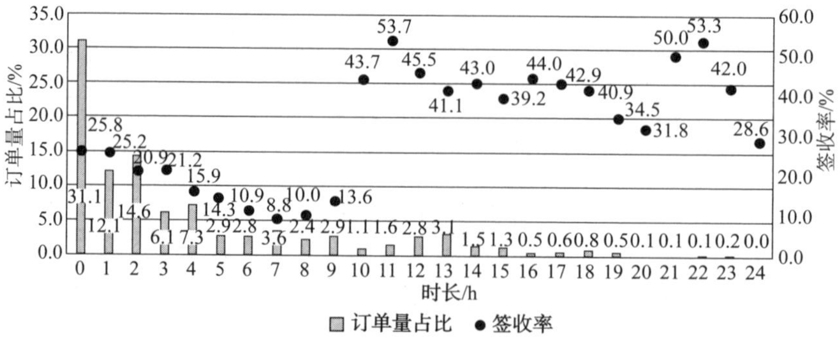

图 9.41　不同派件异常状态出现 – 派件异常外呼时长的签收率

分析不同派件异常状态时间点的最佳外呼间隔时长，可以发现派件异常状态 – 派件异常外呼时长 <10h 的签收率明显低于 >10h 的签收率。目前我们推测滞后外呼的效果可能更佳。但考虑到外呼只能在 9~20 点进行，结果可能与派件异常状态出现的时间点有关。因此，我们分 24 小时进行了类似总体的分析，结果得到表 9.10。

表 9.10　外呼效果时刻表

派件异常状态出现时间点	最佳促签收效果间隔时长
19~ 第二天 8 点	第二天 9 点及时外呼
9~11 点	7~9h
12 点	2h 内
13~14 点	5h 内
15~18 点	1h 内
签收率将由 24.4% 上升为 29.4%，提高了 5.0%	

总结策略，进行测算

从上表可以看出上午和下午 13~14 点的出现派送异常状态的订单滞后外呼效果较好，中午 12 点及下午 15~18 点及时外呼效果较好，晚上的则第二天及时外呼较好。

实时 / 滞后外呼策略指导了业务对于外呼时间的规定，经测算，如果按照上述建议执行，派件异常外呼的签收率将由 24.4% 上升为 29.4%，提高了 5.0%。

9.13.4　外呼时间点优化策略

提出外呼时间点策略

之所以选择外呼时间点来深入分析，是因为外呼作为与客户直接交流的手段，自然地可以考虑到不同时间点外呼，用户的空闲状态会不同，从而影响到用户对于外呼推销的接受度。用户又由于年龄、性别、所在省份、城市等不同而具有不同的接受外呼偏好时间。因此我们需要根据这些维度将用户划分成多个类别。

科学选择用户分类维度

我们要细分所有维度来对用户分类是不现实和可能无效的，因此我们通过方差和皮尔逊相关系数来实现自动化选择维度分类用户。皮尔逊相关系数刻画该维度下各组的目标值随时间点的变化趋势的差异；而方差刻画的是该维度下各组内不同时间点的目标值的差异大小。皮尔逊相关系数越小，表示该维度各组的目标值随时间点的变化趋势差别越大，各组的平均方差越大，说明该维度下的各组内的目标值随时间点的变化越大，这都说明我们有机会选择最佳外呼时间点来提升转化率。现举例我们对派件异常外呼时间点优化的维度选择如表 9.11 所示。

表 9.11　派件异常外呼时间点优化

目标值：接通率 × 接通签收率			
维度	各组方差 / 类别 × 10000 的平均值	两两皮尔逊相关系数的最小值	皮尔逊相关系数最小的两组
省份	7.1062	0.0011	内蒙古 vs 山东
年龄（5 岁间隔）	6.247	0.4539	51~55vs61~65
下单时间点	7.1585	0.6733	
省份经济地理位置	5.6542	0.7564	
年龄段（22，30，55 为断点）	5.4395	0.8379	
城市等级	7.9391	0.9066	
性别	5.2829	0.9881	

省份作为各组方差 / 类别数的平均值最大的，同时处于最小的两两皮尔逊相关系数最小值的维度，说明同一个省份的不同时间点的目标值差别最大，且不同省份的规律不相同。

分层选择最佳外呼时间点

因此，我们将省份作为用户分类选择最佳派件异常外呼时间点的第一层维度，得到的结果如图 9.42 所示。

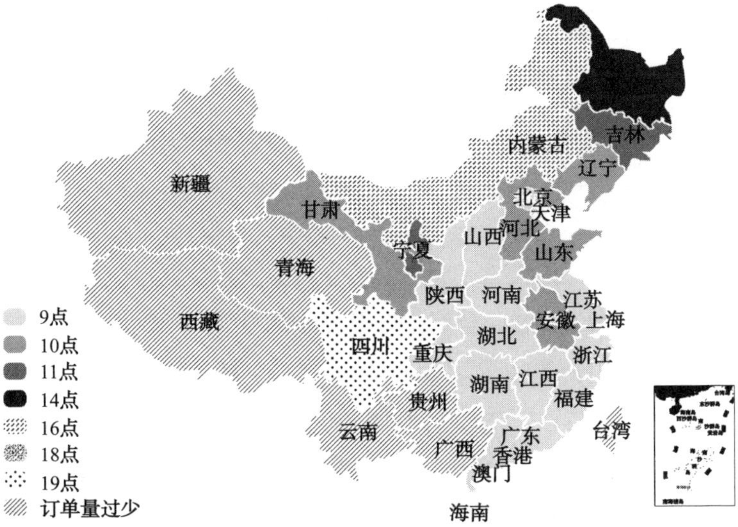

图 9.42　各省份最佳外呼时间点

仍可以选择年龄段作为第二层维度，将用户从省份和年龄段维度分类，进行上述操作，最终的效果测算为接通率 * 接通签收率由 12.56% 上升到 23.40%。同样的，其他类型的外呼也可以采用这种方式来形成最佳外呼时间点策略。

9.13.5　外呼次数优化策略

提出外呼次数优化策略，增加激励措施

外呼次数对于用户体验是关键的，过多的外呼会给用户带来不好的用户体验，而且，当用户激活意愿较小时，仅仅作为提醒实名审核和获得用户意愿的催激活外呼并不能提高用户的激活意愿。因此，我们应该对具有不同意愿的用户确定一个不再外呼的外呼次数点，且增加激活激励措施，如给予优惠券等，如此能够在最小化公司成本的情况下，最大化转化率和提升用户体验。

根据接通情况分类用户，分析最佳结束复呼节点

甄别用户激活意愿的一个有效方式是查看多次外呼中用户的接通和未接通情况。我们将用户分为四类，并计算其平均进入实名率和平均实名成功率，如表 9.12 所示。

表 9.12　四类用户实名成功率

	平均进入实名率	平均实名成功率
一直接通：Always On（AO）	59.67%	40.30%
一直不接通：Never On（NO）	51.77%	34.20%
接通 – 不接通：On–Off	53.87%	15.62%
不接通 – 接通：Off–On	46.73%	25.19%

根据上表数据分析，一直接通的用户进入实名率和实名成功率都最高，从不接通到接通的用户进入实名率最低，一直不接通的用户进入实名率要低于先接通后未接通的用户，但实名成功率更高。

接下来，我们要找到实名成功率骤降的外呼次数作为结束复呼和给予激励的节点，可得到图 9.43。

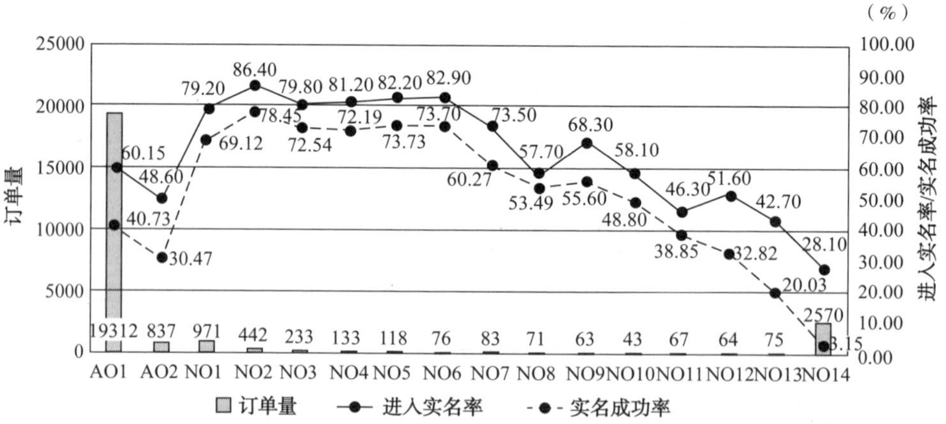

图 9.43　接通与未接通实名转化率

图 9.43 表示了总是接通呼叫的用户 AO 和总是不接通呼叫的用户 NO 的数量分布（条形图）以及两项转化率（折线图）的取值情况。因为运作或者其他随机原因，有些用户只经历了一次外呼，有些用户经历了 14 次外呼，期间他们都没有接通，对于这样的用户我们将其分别命名为 NO1 和 NO14，其他 NO 和 AO 则是类似的命名规则。

我们可以看到，在 NO6–NO7 及 >NO7 的用户群体中，转化率发生了明显的下降。如果保持当前的运作逻辑，当来到第七次外呼促激活的时间节点，公司可以考虑采用短信的方式提醒或传达促销信息。类似地，如果用户在第一次催激活外呼中接听了电话，但在第二次外呼的时间点尚未激活，可以考虑提供额外的促销以促成交易。进一步地，对于 On-Off 和 Off-On 的订单，平台用户也可以做相应的分析讨论。

总结策略，测算效果

1. 对首次接通订单：（1）若一直接通，应该在接通第 2 次时，实施电话实名激励；（2）若先接通后不接通，应该实施短信激励。

2. 对首次未接通的订单：（1）若一直不接通，应该在外呼第 6/7（9/10）次后实施实名激励；（2）若之后接通，应该在外呼 6/7（9/10）次前接通时实施实名激励。

按上述策略，可以取得效果如下：假设对用户实施电话 / 短信激励后，实名成功率可以提升 30%/20%/10%，则签收后实名成功率可以提高 18.77%/12.51%/6.26%；有 12.05% 的用户可以减少复呼次数，这部分用户平均减少 6.48 次外呼。

9.14 企业流程数字化升级后的项目效果

回望项目伊始，移动号卡线上开通业务的订单转化率在 25% 左右，H 公司针对移动号卡线上开通业务端到端流程在运作中发生的各类问题进行整改，使整个激活转化率迅速提升至 60% 及以上，比行业平均水平高出 20%，同时各类成本节省 10% 以上。

从整个项目的实施的情况来看，指针平台对流程的还原非常迅速，大大降低了沟通成本，同时，提高了业务人员的数字化思维能力。通过该平台，业务人员可以关注到每一个订单、每一类订单的处理过程，使我们对跨平台、跨系统、跨部门、跨岗位的工作的运转情况有了一个全面、客观、真实的了解，给管理层和业务人员提供了决策和改进的基础。同时，运营管理水平大幅提升，指针平台让我们了解每一个步骤的执行情况、步骤的上下游、步骤的不同分支走向，优秀的业务人员能够从占比、对比、变化、返工等维度，从业务专业逻辑的角度，发现存在的问题，并从专业的维度提出改进措施和建议，通过这个项目的实施，H 公司相关业务人员的系统思维、流程思维快速提升，由于能看懂、能深度参与到系统的运营中，因此，写需求的能力也很快得到了提升，能发现一些通过用户投诉发现不了的问题，并能够反向给系统提出一些建议。

同时，借助指针平台，H 公司搭建起了一流的流程监控、仿真和智能导航方案，既可以通过流程转化率图统揽静态的全局，也可以监控特定指标的时间波动来确保业务运作质量的一贯性。在通过流程分析锁定问题后，可以通过流程仿真进行 What-If 分析，通过可靠的无痛试错来明确解决方案。最终将一次次管理经验通过导航或重构流程的形式融入现有的业务框架中，并保持持续分析的能力，开启下一个管理循环。

参考文献

[1] 全国人大财政经济委员会，国家发展和改革委员会编 . 中华人民共和国国民经济和社会发展第十四个五年规划和 2035 年远景目标纲要释义 2021–2025[M]. 北京：中国计划出版社，2021.

[2] 王磊，孟玲娜，高巍，等编 . 流程管理风暴 EBPM 方法论及其应用 [M]. 北京：机械工业出版社，2019.

[3] Michael Hammer，Lisa Hershman. 端到端流程 [M]. 方也可译 . 北京：机械工业出版社，2019.

[4] 王玉荣、葛新红 . 流程管理（第 5 版）[M]. 北京：北京大学出版社，2021.

[5] 廉鑫 . 基于日志的业务流程分解与挖掘方法研究 [D]. 北京邮电大学，2022.DOI：10.26969/d.cnki.gbydu.2021.000903.

[6] 华为企业架构与变革管理部 . 华为数字化转型之道 [M]. 北京：机械工业出版社，2022.

[7] Michael Hammer，James A. Champy 著 . 企业再造：企业革命的宣言书 [M]. 王珊珊，胡毓源，徐荻洲译 . 上海：上海译文出版社，2007.

[8] 周三多主编 . 管理学 [M]. 北京：高等教育出版社，2005.

[9] Philip Crosby. 质量免费：The art of making quality certain[M]. 中国人民大学出版社，2006.

[10] James R. Persse. CMM 实施指南 [M]. 王世锦，蔡愉祖译 . 北京：机械工业出版社，2003.

[11] 高宝俊编著 . 管理信息系统 [M]. 武汉：武汉大学出版社，2010.

[12] Wil van der Aalst 著 . 过程挖掘 业务过程的发现、合规和改进 [M]. 王建民，闻立杰译 . 北京：清华大学出版社，2014.

[13] Cecil Bozarth. 运营与供应链管理 [M]. 北京：中国人民大学出版社，2014.

[14] 陶飞，张贺，戚庆林，等 . 数字孪生模型构建理论及应用 [J]. 计算机集成制造系统，2021，27（01）：1–15.DOI：10.13196/j.cims.2021.01.001.

[15] Marlon Dumas，Marcello La Rosa，Jan Mendling，等 . Fundamentals of Business Process Management[M]. Springer，2018

[16] PR Newswire. Celonis 和 IBM 建立首个亚太地区合作伙伴关系 [M/OL].（2022-03-16）[2023-08-01]. https：//www.prnasia.com/story/354684-1.shtml.

[17] Má rquez-Chamorro A E，Resinas M，Ruiz-Cort é s A. Predictive monitoring of business processes：a survey[J]. IEEE Transactions on Services Computing，2017，11（6）：962-977.

[18] van der Aalst W M P. Business process simulation revisited[C]//Workshop on enterprise and organizational modeling and simulation. Berlin，Heidelberg：Springer Berlin Heidelberg，2010：1-14.

[19] Grigori D，Casati F，Castellanos M，et al. Business process intelligence[J]. Computers in industry，2004，53（3）：321-343.

[20] Law A M，Kelton W D，Kelton W D. Simulation modeling and analysis[M]. New York：Mcgraw-hill，2007.

[21] Melão N，Pidd M. Use of business process simulation：A survey of practitioners[J]. Journal of the operational Research Society，2003，54（1）：2-10.

[22] Van Der Aalst W M P. Business process simulation survival guide[M]//Handbook on Business process management 1：introduction，methods，and information systems. Berlin，Heidelberg：Springer Berlin Heidelberg，2014：337-370.

[23] Aguilar M，Rautert T，Pater A J G. Business process simulation：a fundamental step supporting process centered management[C]//Proceedings of the 31st conference on Winter simulation：Simulation——a bridge to the future-Volume 2. 1999：1383-1392.

[24] Tumay K. Business process simulation[C]//Proceedings of the 28th conference on Winter simulation. 1996：93-98.

[25] Greasley A. Effective uses of business process simulation[C]//2000 Winter Simulation Conference Proceedings（Cat. No. 00CH37165）. IEEE，2000，2：2004-2009.

[26] 郑勇锋，陈庆 . 流程监控系统在企业流程标准化中的应用实践 [J]. 电力信息与通信技术，2016，14（4）：154-159.

[27] 陈雪频 . 一本书读懂数字化转型 [M]. 北京：机械工业出版社，2022.